小世界

⊙ 张悦悦 著

❋ 在欧洲做学术的注脚

三联书店

目 录

自序 和"正文"一样重要的"注脚"……………003

I. 全世界都在留学

走，我们去看世界！……………010

不会撒谎的胃……………018

吉屋寻租……………026

傲慢与偏见……………034

或许该聊聊"价值观"……………044

学术的四季速写……………052

II. 他者的启示

英国人的规矩方圆……………066

"英囧"……………074

体育的意义……………083

较真的民族……………089

圣诞记忆……………095

巴黎印象……………103

法式浪漫的"愁"与美……………110

每个人都该知道一点女性主义……………118

Ⅲ. 谁没烦恼过?

讲师形成记:体统篇……………128

讲师形成记:实践篇……………136

英国大学的质量控制……………142

英国学生的"幺蛾子"……………148

小城故事……………155

大同显小异……………161

择业的想象力……………171

英国学生的考试观……………178

莫贪书,思考……………185

好论文是怎样炼成的?……………192

后记 世界与"我"何关?……………199

自序

和"正文"一样重要的"注脚"

这本书起于一个兴趣和一个机缘。

我的兴趣可能听起来有点玄虚：我喜欢琢磨"我和这个世界到底是个什么关系"这个问题。这里的"我"代指每一个行为主体，它可以是我、我们，也可以是你、你们、她、他、她们、他们，还有它们。后来我把这个兴趣发展成了我的职业。平日里，我的"正经事"是通过实地考察来开拓世界主义（Cosmopolitanism）社会学。和普世主义（Universalism）的"天下大同论"相反，世界主义认为世界大不同，而且不同文化的碰撞也许会激发更多的差异。但这不意味着世界就是一些各自为政、互不相通的纯色小格子。这个世界总是有着千丝万缕的联系，而也正因为这些联系，每个小格子可以互相浸润、互相影响，并在这些互动中彰显各自的色彩。琢磨这个貌似玄虚的问题其实有很多实际用处，比如英国皇家学会和中国的一些部委都曾把我的研究成果作为他们制定政策的参考。

对于做学术，我很有信心。以《风险社会》（*Risk Society*）一书出名的德国社会学家乌尔里希·贝克（Ulrich Beck）是我的良师益友。在开拓世界主义社会学理论这个问题上，我们更是一个战壕里的战友。我们都想跨越理论上东西方的分化，更希望打破欧洲话语传统的禁锢，寻找出一套能用于理解不同社会，并能帮助每一个行为主体在这个差异愈发明显却又愈发需要相互扶持的地球村里审时度势的思维工具。从 2007 年开始，不论是在伦敦、慕尼黑，还是巴黎，我们几乎每年都要碰一两次头，最早还是在伦敦政治经济学院那个咖啡味道实在不尽如人意的 Garrick 餐厅。每年我们都会带去各自研究的新进展，那或许是一个新的理念，一个方法学上的新挑战，或者是在基层调研时发现的新现象、获得的新启发。我的第一本学术专著《世界化科技》（*The Cosmopolitanization of Science*）以中国为例，论证了发展中国家中的个体如何承担着世界公民的角色，并论述了拓展话语权、有效地参与构建世界科技图景的方法。贝克夸赞这本书为"世界主义研究的破冰之作"。2013 年欧洲的第一届科技评估会议 (European Technology Assessment Conference) 还对此书进行了专场讨论。我常觉得，我一个年轻的"老外"在英国出版的书能在欧洲受到这样的关注，很大程度上是因为我研究的问题本身恰好契合了这个时代新兴的机遇与困惑。

"我和这个世界到底是个什么关系"是个挺有用的问题，因为不论是个人发展还是国家政策，明智的决策总是需要建立在明确的自我和他人及环境关系的定位上的。对于一个来自中国的八〇后，这还是个挺新鲜的问题，因为"打开国门""与国际接轨"对于当代中国来说好像还是昨天的事情，即便现在，依然还能在国内的广播和报纸上找到这些口号的余音回响。而且，别看中国每年出境游已突破一亿人次，出国留学人数也以 20% 的速度每年递增着，但对于中国和世界的关系，尤其是中国人和世界的关系，好像并没有多想过，国内媒体的讨论多少还有些懵懂，偶尔还会停留在非黑即白的民族情绪上。

我那些发表于英文期刊的学术"正文"，在象牙塔里很威风，但在推动社会层面对"中国人与世界"这个问题的思考是无能为力的。

后来有了一个机缘。2011年《人民日报·海外版》的编辑赵晓霞邀请我在"海外学子"版开设一个自命题专栏。起初我挺犹豫的，首先做科研本身就是个要求"24/7"（7天24小时）投入的事情，保证每周一篇的供稿速度有点挑战性；其次我也不知道"海外版"能接受什么样的文章。我从中学时代起就给很多中文媒体供稿，我深知在中文媒体上凡是跟海外有关的，"中西差异"是道不尽的话题。但对"差异"的讨论是把双刃剑：在我们热衷于把外国人调侃成思维奇异的怪物的同时，也似乎默认了中国人是地球村里格格不入的异体。我可不想写这种老调文章，我不想渲染异国生活的戏剧性，正如同我不想渲染中国文化及中国人的"特殊性"。我当时认为中文媒体上缺少的是拉近"海外"与"海内"距离的文字。

我和晓霞姐一拍即合，"一桌一椅一世界"这个专栏成了这个想法的试验品，后来每周六下午坐在计算机前敲打出一篇中文的千字短文成了我学术生活的一个注脚。这些短文和我的研究没什么关系，因为它们记录的只是那些平日生活中和我擦肩而过的人和事。但这些短文和我的兴趣又有很大关系，因为我试图用最寻常的故事探索怎么看待"我们"和"这个世界"的差异、"我们"和"这个世界"的关系，比如在接下来的文字里你会发现：西方家庭和中国家庭一样围着子女转；欧洲人一样也重视大家族的团聚；即便名校汇聚，欧美国家和我们一样呼吁"教改"；怎么"与世界接轨"并非发展中国家独有的顾虑；重视数、理、化也并非亚洲特色；西方学生也一样实际、在意分数、盲从潮流，并非天生特立独行、梦想引路；每个人也都会想家，水土不服、想念家乡食品绝非中国人的专利。等等。我想说的是，正是这许许多多的"相同"，使那些"不同"变得有意思。正是基于同样的人之常情衍生出不同的道理，才使得那些差异变得有意义，不然"差异"永远只属于猎奇者的目标、固执者的借口。写作之初，对于这个专栏能维持10期，还是20期，我和编辑谁也不知道。

2013年我在伦敦亚非学院（SOAS）参加我的第二本英文学术专著发布会的时候，有两个在英国工作的华裔教师告诉我说，他们专程与会，倒不是为了我的学术专著，而是想告诉我"海外版"上的"一桌一椅一世界"专栏是他们在英国每周最期待的短文，他们希望我能一直写下去。这个小插曲让我忽然意识到，其实这个专栏和我在学术期刊上发表的"正文"一样重要。

目前，这个专栏写了100多期，这一半要归功于晓霞姐的耐心与支持。这几年也有很多朋友和老师屡屡建议我把专栏结集成书。我开始对此并不太感兴趣，已经发表的东西如果只是简单拼凑在一起出版又有什么意思呢？但在与年龄跨度从十几岁到六十几岁的读者的交流中，我逐渐感觉到报纸专栏"豆腐块"的限制，我感觉到或许有些观点以书的形式能更好地表达出来。

你手上的这本书并非一个简单的合集，而是对我的专栏的一个扩充，我把发表过的文字进行删减、整合，并加上之前因篇幅限制未尽的讨论，增加了约1/3的新内容。我记录的终究是个"小世界"。一来，学术圈本身是如作家戴维-洛奇所说的"小世界"，我能记录的只是从这个"小世界"望出去的风景。二来，认识天南海北的朋友越多，发现世界越小。虽然这些随笔只记录了我在英国与法国高校工作期间的一些逸闻琐事，但从某种角度说，这些"注脚"有时却能比正襟危坐的科研理论更接近洞见。

从社会学角度看，好的文字的力量在于它能调动共同的常识常理，超越职业、年龄、文化、政治等界限。我不敢说收纳于这部书稿里的都是"好文字"，但是如果在了解欧洲学术生活之余，它能让你对在异乡（未必一定是异国）生活的人多一些体谅，能让你对生活中无处不在的那些差异与碰撞有一些新的看法，那这部书稿的目的就达到了。

I. 全世界都在留学

　　有时候我们容易忘记，不仅仅只有中国才有留学"镀金"现象，希望踏出国门以拓展人生机遇的年轻人其实遍布于全世界。那些在希思罗、戴高乐等国际机场中拖着箱子徘徊的留学生们，与其说他们是来异地实现自我，不如说他们是在集体寻找自我。这个集体或许没有共同的语言，但有共通的情绪，因为有一种辛苦、迷茫、欢乐、释放与收获，只有离开家的人才明白。而家的真正轮廓，也只有从外面才能看清楚。

走，我们去看世界！

其实留学这件事在过去 30 多年里，不论是隐是显，都折射了中国几代人对世界、对未来和对自己的想象。

我是个经历过两次留学潮的八〇后。第一次是改革开放后的那拨留学潮。我是个天生表达欲强烈但偏偏资质不甚优秀的家伙，所以 20 世纪 80 年代的前半截全被我浪费在努力说话不结巴这件事上了。而当我好歹把这件关乎我人生幸福的大事搞定，脑袋能腾出"内存"去打量周围的世界的时候，忽然发现原来我成长于一个沸沸扬扬的年代。记忆里 20 世纪 80 年代北京的画展和书展特别多，不过，这个印象大概跟做遗传学研究的妈妈当时正热衷于学雕塑有关。记得当时每个展览都特别热闹，每一个大人都特别话密，都有那么多说不完的感想，那么多说不完的新发现，我即便不结巴也完全插不上嘴。有很多个周末爸妈去参加文艺活动的时候，我则被扔在中国美术馆，乐此不疲地在美术馆那光溜溜的地板上从展厅这头出溜到那头，以把一幅幅大作看出连环画的效果而沾沾自喜。现在想来有点不可思议，尚且不说现在没人会把自家小孩丢在公共场所，即便有如此大胆的家长，我估计也没有哪家美术馆会容忍一个"小豆包"如此猖狂地在展厅里跑跳折腾。不过那会儿好像没有人注意过，我想大概是因为大人们都痴迷于在他们面前逐渐打开的艺术世界。在各种新异的机遇和想法面前，谁还有闲心去搭理一个自娱自乐的小孩子呢？与此同时，我也发现大人真是一种既好奇又自相矛盾的动物，因为他们都说要去看"世界"，但我看他们明明是一个个收拾行李去了美国，美国，还是美国！

　　也许这就是很多中国人那时对于"世界"的看法吧。我家也不能免俗。我小学毕业的时候，父母有机会去旧金山做博士后研究，我也随行去了加州。我猜我一定算是中国低龄化"小留学生"的先锋。当时英语课在北京远没有现在这么普及，12岁的我抵达加州的时候，连字母表里到底是有24个还是26个字母都犯迷糊。而对于一个不会说英语的中国小留学生，加州当地的教育机构也发懵，完全不知道该如何处理，最后居然把大字不识的我直接"空降"到一个学区排名第二的正常初中，和美国孩子一起上课。语言障碍让我很快成为同学眼中"成绩不错的傻子"。我的朋友圈也因此充满三教九流，不乏各类"坏孩子"，因为只有他们有闲心陪我练口语。第二年我因为成绩好被转入G.A.T.E.班（Gifted and Talented Education），但我仍觉得和"问题少年"们一起思考问题才是最给力的成长经历，这其中的各种趣事与"汗事"后来都写入了《十二岁我到美国读中学》这本书，这里不表。但需要提的是，20世纪90年代初正值"移民潮"，对于很多中国人来说，当时踏出国门的意义就是要换张"绿卡"，而爸妈却希望我接受国内扎实的基础教育，因此我们逆着潮流回到了北京。

也正因此，后来我有机会体验了第二次留学潮。"千禧年"我被保送到北京大学医学部临床医学系本硕连读。那个时候因为北医毕业生的高"出口"率，有人开玩笑说北医就是一个出国培训班。不过说实话，我那会儿可真懒得出国留学，因为我贪图国内生活的滋润与舒适呀！况且2000年之后的出国游已经日趋容易，留学已经不是"看世界"的唯一途径了。其实在大学毕业之前，爸爸妈妈就带我去了20多个国家，虽然走马观花，但从星级宾馆的窗户看世界可比留学打工幸福多了！当二十出头的我正在父母打造的安乐窝里玩味"其实毕业后在国内工作，前景也不错"的时候，我妈妈有点嫌弃地来了一句："你还是先去看看世界是怎么回事吧！"

我可是独生子女哎！听到老妈"轰"我出门，简直让我开始怀疑自己是不是她亲生的！总之，在亲妈的"嫌弃"与"轰撵"下，2005年我本科毕业，选择放弃攻读硕士学位的机会而去伦敦留学，开始了我人生的第二次"国际大搬家"。

没错，留学和旅行这两种体验世界方式的区别，首先大概就是在行李上。去旅游，行李终归是越轻便越好，而去异国居住嘛，算盘可就不是这么打喽！"搬家"这件事大概对每个留学生都不陌生，而且可以说是留学经历的重头戏之一：留学前，仔细盘算带什么、怎么带，技巧不比申请学校少。留学中，每次回国探亲都要掂量什么衣物不穿了可以带回国，什么东西又想带出来。而毕业回国前，大概所有人都会惊讶地发现：哎呀！怎么一下子在国外积攒了这么多东西？好啦，开始搜索各种空运、海运的信息，打包，贴胶带，一遍又一遍地写国内住址和电话。曾经发愁怎么把国内的生活带出来，现在是发愁怎么把国外的记忆带回去。

我对于"国际大搬家"的记忆自然始于小时候看着长辈们打点行装去留学或给国外的亲戚带东西。有两点记忆深刻。一个是箱子里很多牙膏肥皂这些日常用品，据说它们要比国外便宜很多，因此每一只箱子都装得非常满，全家只有爸爸能关上这些远赴重洋的超大型箱子；另一个是箱子里要想办法装上干酱等作料。没错，那会儿海外的中国北方人还不够多，"中国城"远没有现在的货品全，要想吃炸酱面，只能托人带啦！

而我对于小学毕业那会儿自己第一次"国际大搬家"的箱子也记忆犹新。那会儿箱子里塞满了我挑选的穿的、玩的，唯独没有带书包。这件事让妈妈哭笑不得，因为那时候虽然国内经济快速增长，但大部分留学生仍然是从国内带日用品以争取在国外少花钱。没辙，妈妈只好带我去商店买了当时加州最普通的 Jansport 帆布软皮底书包。没想到这个书包竟成了我小留学生生涯最好的一个纪念，因为这个款式后来停产了，成了经典。若干年后，当我在英国偶尔背出来时，还会引来同事的艳羡。

而"千禧年"之后，身边有越来越多的人出国深造，"国际大搬家"的箱子内容又有了变化。在我准备去英国的行囊的时候，装箱子的思路已经由"使国外生活更便宜"转变为"使国外生活更舒服"。我不知不觉地装了四个大箱子！临去机场前，我又把当时在听的一套"巴赫平均律"塞进了腰包。四张光盘卡在腰间，这一路坐着可不舒服，不过踏出国门后，身边堆满熟悉的物品才踏实。我身边也有极简主义的代表，比如一位朋友去加拿大学习，就卖掉了在北京几乎所有的东西，只带着一张银行卡和一只小小的旅行箱上了飞机，她的理论是：留学就是要感受另一种生活，最好的方法就是强迫自己按当地的习惯生活。

走，我们去看世界！

我有时候会好奇，如果一个人从 20 世纪 80 年代起坐在首都机场安检机器后看着一个个行李箱通过，他会不会通过 X 光机的投影察觉出不同时期箱子里内容的变化？每天通过机场安检机的，是一只只行李箱，也是一个个留学故事。

说了这么多，并非仅仅想说我是个"资深留学生"，我想说的是：其实"留学"这件事在过去 30 多年，不论是隐是显，都折射了中国几代人对世界、对未来和对自己的想象。虽然"出去看看"的信念没有变，但留学的形式、目的和经历却有了很大的变化。

我去英国的留学旅程就是从四个箱子开始的。但即使出行准备得再充分，到了异地，第一个本能的反应依然是：东西没带够！比如，虽然我比很多人幸运，到英国读书时有多年的闺蜜老陈在伦敦接应，她在我抵达之前已帮我租好了舒适的公寓，里面已配备好一张床、一个衣柜和一副桌椅，但我在飞了 10 多个小时，终于跟跄地来到这个伦敦的新家的时候，丝毫没有从父母监管下胜利大逃亡的庆幸。那和闺蜜说好的通宵畅饮与八卦大会早没了踪影，倒是有一种一脚踩空的惶惑与无名恼怒——这个远不能称为"家"的新窝哪里都觉得别扭，即便推进来四个箱子，整个屋子仍然空荡荡的，居然还有那么多陌生的空隙需要自己去填充。

所以，和很多留学生一样，我的英伦之旅的开始远没有"走，我们去看世界！"那样的诗意与洒脱，而是倒着时差跟跄地撞进另一个现实：睡醒一觉后的头等大事不是去看大本钟和威斯敏斯特教堂，而是先查查最近的仓储店阿戈斯和宜家连锁店在哪儿，然后去买了各种轻便的家具：台灯、书架、折叠衣橱、既可以当椅子又可当床头柜的小桌子，等等。

常有人问我留学需要什么样的生活技能。做饭、开车、自己熨衣服，这些是最经常被提到的项目，但我觉得有一项最实惠的本领，每个留学生大概都深有体会，但很少有人会提起，那就是：自己组装各种家具。

"国际大搬家"的头几天永远会点缀着各种情绪——在英国住了几年之后，我又从英国"留学"到法国做博士后研究。当推开巴黎的公寓房门的时候，我发现像我这样的漂泊海外的"老油条"依然既满怀欣喜又满心怨念——但日子还得继续，而对付各种不适应的最好方式就是把新窝变成家。记得到英国的第三天，在国内大概连钉子都没有碰过的我，就抢着锤子，照着拼装说明书的 ABC，在屋子里热火朝天地打造我的第一件家具：一个三层小书架。一阵"叮叮当当"之后，嗯，你看，如果刨除那个因为钉空而从角落里露出头的钉子，再忽略那个把漆面和糙面装反了的木板，这完全就是一件木工杰作呀！尤其是我转身从箱子里找出一片创可贴，"啪"地对准那只突出来的钉子头贴上之后，哈，连这个安全隐患都解决了！

当时我特别有成就感，但现在回想起来，和我之后在英国拼装的无数家具相比，这个小书架分明就是"小菜"。在后来的很多个周末里，听着摇滚乐，喝着小啤酒，"叮叮当当"一下午，本工匠出品的作品有：床、沙发、柜子、写字台、厨房杂物车、可拉伸餐桌、电视柜、早餐台，还有两个组合大衣柜！

虽说熟能生巧，但此时若你跟我说起拼装抽屉，仍会让我头大，因为抽屉有四面一底外加把手，而且还要准确安置两侧的推拉轨道，特别烦琐。我刚到英国的时候，房间里没有一个抽屉，因为当时优先添置的都是储藏盒和架子等有存储功能的家具。后来搬家，虽然房东提供的衣柜有两层抽屉，我自己仍没有一件带抽屉的家具。我更愿意买各种尺寸和材料的盒子和悬挂式储物格，以这些容易拆卸搬运的东西来归置平日里收集来的各种玩意儿。随着渐渐融入当地的生活，我开始希望房间不再是一个简单的仓库，而是能够存放生活的各个琐碎细节的地方。不知不觉地，我开始组装起各种带抽屉的家具：文件柜、五斗柜，等等。

我从中琢磨出我的第一个社会学理论（歪理）来：好像留学的日子越安定，自己拥有的抽屉越多。问周围来自各个国家的留学生，大家都未曾留意这点，不过仔细想想都颇有同感。不知道这些经历统计起来能不能得出一个"抽屉指数"，但我对自己的这个"发现"挺欣喜。随手拉开任何一个抽屉，那些我们有意无意放进去的规整或凌乱的物品都记录着我们在这个国家的喜悦、伤感或秘密。

哦，你也许会问我为什么到英国留学，这也是剑桥大学电话面试的时候问我的问题。其中一个面试官看我履历中写着"去过很多国家"，便问我在这些国家中除了中国最喜欢哪里。我毫不犹豫地说："意大利！因为那里的人和那里的画都那么好看！"另一个面试官进一步问我为什么会申请"英国"。我的回答大概让他们大跌眼镜："因为我没有去过，觉得新鲜呀！"只听电话那头三个面试官大笑。有个面试官开玩笑地说了一句："嗯，如果你来剑桥上学，我倒是想知道你会对英国怎么看呢！"

我运气很好，申请的5所英国大学都给我发来了录取通知，不过我没有选择剑桥大学，而是去了从小就向往的伦敦政治经济学院（LSE），从医学专业转为了社会学专业。后来我在那里经历了硕士、博士到工作，又在法国做了博士后研究，最后在英国取得了终身教职，这期间我借学术会议的机会又去了很多以前从未去过的城市。

以上就是我在过去30多年与这个世界接触的经历与路线图。从跟随父母的"小尾巴"到游客，从学生到学者，中间还穿插着客串摄影师和记者的经历，不同的身份和时代确实会赋予人不同的视角。但去过的地方越多，和不同背景的人接触得越深，就越能体会到世界很小。并不是说个体或者文化差异不存在了，而是那些差异原来并没有你想象的那么不可逾越或不可兼容。我也明白了妈妈说的"看看世界是怎么回事"这句话的意思。有些事情大概是置身其外的游客体会不到的，因为过客只会看到热闹，而热闹里的门道，则是需要在生活的琐碎中才能感悟到的。也正因为平凡日子里体会到的微妙启发，我才有了写下后面章节中文字的冲动。世界虽不相同，但相通，地图上那些由各种颜色分隔出来的"我们"和语言习俗各不相同的"他者"，或许正是彼此的镜子。在那貌似迥异的社会习俗下，或许能相互识别出各自生活与理想的影子。

不会撒谎的胃

胃真是一个谜。不管一个人漂泊得有多远，衣着举止改变得有多大，似乎他的胃口偏好总会指向他最初起程的地方。

中文有句话叫"旁观者清"，还真是！有些事情是需要些距离才能感受到的。比如，没有在留学期间饿过，怎么能完全体会北京食物的美好呢？去英国留学之前，我是超级挑食的，比如荷兰豆不吃，油菜不吃，芦笋不吃，木耳基本不吃，生菜做太熟了不吃，青椒和洋葱也不怎么吃，因为我觉得它们压根儿和葱、姜、蒜一样属于"作料"。我觉得这还真不是因为我"嘴刁"，而是一种由现实养成的习惯——以前每次在我姑姑家吃饭，姑姑都会准备一大桌子各式美味，菜蔬、鱼、其他肉类，让人眼花缭乱，你说谁还会有工夫去扒拉洋葱、青椒啊！哦，说起来胡萝卜我也不怎么爱吃。

后来到伦敦读书，到圣诞节的时候，我就什么都吃了。

和大多数八〇后一样，出国之前我是不会做饭的。刚到伦敦的时候，与我合租房子的老陈和小李向我展示了他俩在伦敦几年积攒下的全套的厨具，其中竟然还包括做天津煎饼的家伙什！在尝试各种高难度中餐的过程中，二位还在手臂上留下了几个小疤痕。当时我觉得这太夸张了：虽然我也是个贪吃的主儿，但是我觉得留学把这么多精力放在厨房里实在不能理解。老陈笑呵呵地跟我说："没关系，过俩礼拜，做饭也一定会是你的头等大事。"

　　开始我不信，结果，吃了几天三明治、千层面之后，果然就开始想念中餐了。别说鱼香肉丝、宫保鸡丁这类的了，就连蒜蓉西兰花、西红柿炒鸡蛋都是万分好吃的呀！因此，我这个连西兰花的菜梗是不是能吃、面粉和淀粉有什么区别都不太拿得准的"大厨"就磨刀霍霍下厨房了。

　　不谦虚地说，在最初的几次失败后，我的厨艺进步飞速。和很多留学生一样，"美食厨房""美食天下""天天美食"这几个网站成了我钻研厨艺的地方。在最初几年的炸酱面、土豆烧茄子等北方菜之后，我果断进军其他不同菜系，并且乐此不疲地进行各种试验。有一段时间我迷上了川菜，一道貌似简单却大有学问的担担面，更是让我尝试了七种不同的烹饪方法。我一副不达目的绝不罢休的架势，而先生小巴则不幸充当了前六种失败做法的"试验豚鼠"。

　　"民以食为天"大概是普世皆准的道理。即便在不以美食闻名的英国，很多人依然乐于以"吃货"自居。在英国难以转身的狭小厨房里却有着大厨梦的人可不少。英国作家朱利安·巴恩斯的《厨房的较真者》（*The Pedant in the Kitchen*）几乎让我从头笑到尾，巴恩斯风趣幽默地通过自己各种（悲催的）经历道出了每一个以烹饪为乐趣的人的心声：

即便是厨具配备精良，大厨的梦想要照进自家厨房，现实总是要打个折扣。尽管封面上光鲜地印着"分步详解"或是"人人都能做的美食"的字样，但其实普通人在自家的厨房里八成都做不出来和菜谱插图里一样的让人垂涎欲滴的菜肴。巴恩斯把这归因于并不是每个明星厨师都能写出清楚又实用的菜谱，因为大多数菜谱或前后矛盾，或有大写意似的留白跳跃，经不起读者"较真"。或许做饭是一件只可意会不可言传的事。

虽然我对巴恩斯所言深有同感，但作为一个身在英国的"老外"，如果要我写一本关于在英国做饭的书，那题目一定是"厨艺不好，全赖原料"。比如我常觉得地中海人根本不需要菜谱，因为那里自然滋养出的瓜果蔬菜几乎是天然的美味，随便什么食材滴上点橄榄油，撒上点胡椒粉就是一盘美味佳肴。相比之下，英国这个岛国则极大地依赖于鲜蔬进口。英国超市的货架就如同联合国大会：西班牙的洋葱、危地马拉的荷兰豆、埃及的香菜、摩洛哥的豆角、莫桑比克的辣椒、美国的苹果、南非的葡萄……因为长途运输，很多英国的食材都是采摘后"蹲熟"的，味道大打折扣。比如在尝过英国那毫无味道的草莓之后，你就会理解为什么每年温布尔登网球公开赛时，英国的传统零食都是"鲜草莓蘸厚奶油"！

当然，对于留学生来说，在英国做大餐的挑战还来自于某些原材料的缺乏。比如直到七八年前，枫糖浆在英国还属于奇货可居的稀罕东西。这让我的加拿大同事习惯的松饼早餐没了着落。而对于中国留学生来说，东西文化差异最直观的体验大概也是在食材上吧。

记得 2006 年，我在纽卡斯尔市中心的一家父子传承的家族肉店里向店主询问是否有排骨，老师傅点点头，从操作间里端出来一大盘排骨。可是这些骨头上都只剩很薄的一层肉了，我一边在其中翻找，一边半自言自语地说："难道就没有肉多一点的排骨吗？"谁想老师傅听了，瞪圆了双眼生气地问："你这是在嘲笑我的刀工吗？这是我亲自处理的猪仔，怎么可能在肋骨上留肉？！"我哭笑不得，忙向这位英国的"庖丁公"解释中国人喜欢吃带肉的骨头，老师傅半信半疑，因为他觉得这听起来像个没主意的厨师的故事：到底是吃骨头还是吃肉，中国厨师下锅前不该考虑清楚吗？

好在随着近年留学和旅游市场的推进，类似这样厨房里的"文化差异"也在逐渐缩小。现在英国各类超市里都可以找到排骨，而且还可以找到腌制成不同口味的半成品。我想现在那位纽卡斯尔的"庖丁公"要是再炫耀刀技，估计就是他家的排骨总能完美地保留一层匀称的猪肉吧！

这种对家乡食物、家乡味道的近似偏执，绝非中国留学生独有。比如我硕士时的一位希腊同学，有一次特意把她妈妈来伦敦看望她时带来的菲达（Feta）奶酪拿出来和大家分享，并且很认真地说其口感在英国就是吃不到——而我真没觉得它和街角超市里的菲达奶酪味道有什么不同。我的两位意大利同学更是夸张，在伦敦待了四五年，全伦敦被她们"认可"的意大利餐馆只有三家！我的德国同学居然对英国的咖啡都大为"不满"，说就是不如德国的一个牌子好喝——那是一个连我这个对咖啡颇有研究的家伙都闻所未闻的小众牌子，我敢打赌那种咖啡无法取缔的美味多半来源于她对老家的挂念。我先生小巴更逗，他是个美国人，虽然住在英国快20年了，但每次回美国探亲，他都会背半箱子美国超市里的"英式麦芬"（English muffin）回来——如果不是担心保质期的问题，他绝对会装一整箱子回来！——因为他固执地认为美国的英式麦芬要比英国的麦芬还要"地道"！

有一次我和我的博士导师闲聊的时候，无意中聊出了"就好这口"的奥秘。我的导师也是个美国人。据说她从20世纪80年代在英国留学的时候开始，每次回美国都会背回几罐子黄芥末酱。

"莫非美国的黄芥末酱有什么特别的味道吗？"我问。

导师歪着头想了想说："还真没有什么特别的味道，也许正因为如此（我才喜欢）。因为那芥末酱更像是一种标记（mark），哎，你就这么挤上一道黄色的标记，东西就变得尤为好吃。"

有的时候我觉得胃真是一个谜。不管一个人漂泊得有多远，衣着举止改变得有多大，似乎他的胃口偏好总会指向他最初起程的地方。大概正如我导师所说的，老家的食物也许未必真的是味道特别，但它的魅力在于它是一种标记。世界各地的留学生每天在学生公寓的公用厨房里忙于烹饪的动力，也许是一点淡淡的乡愁，一点暖暖的归属感，或一种引来啧啧赞叹的骄傲。

话虽如此，但如果你留意每天在各个"留学生食堂"里的谈资，你就会发现食物是一个很微妙的情感纽带：虽然留学生们可以大大方方地和你一起赞叹家乡的美食，但"想家"，至少在刚出国两三年的中国留学生中间，是个需要"拿捏"的话题。没在国外久居过的人可能觉得挺奇怪的，因为印象中比起大多数欧美人，中国的家文化使中国留学生更有"老家"和"回家"的意识。这点确实没错，每次寒暑假前，能结伴向老师发出换课请求以便于他们搭乘回家的航班的，我听说过的好像还真就只有中国学生。

但谈论想家多少还是被回避的，尤其是大概不少人都觉得说自己想家约等于承认自己不能融入当地社会，因为这马上就会引来各种关切：是不是语言不过关啊？是不是没有朋友啊？是不是在学校受排挤啊？是不是无法适应国外生活啊？所以你可以大肆怀念家乡的美食，顶多会被别人认为是个可爱的吃货，但绝不好大声说想家，好像这一"想家"，人生立马就挺失败的。

这大概和20世纪80年代以来国内的"大丈夫"文化也有关系。我称其为"大丈夫"是因为其释放着一种英雄气息：有追求的年轻人必不在意小情小绪，必志在千里。出国，不论是为了镀金深造还是为了开阔眼界，都是理所当然的。随之而来的"北半球的孤单"虽非所愿，但也是理所当然的。从各种出国辅导班到网上论坛，他乡的孤独与拼搏是用来调侃的段子或激励后来者的资历，但似乎不应是用来倾诉的。

既然是为了理想与前途，把想家挂在嘴边多少显得没出息，而且毕竟在绝大多数人眼里，成功申请到留学机会的人属于幸运儿。尤其是如果和20世纪80年代或更早的留学生相比，那会儿的留学生要为生计努力，要等"绿卡"、等身份，几年甚至十几年回不了国也不是稀罕事。而现在的中国留学生如果愿意，基本都有条件每年回国探亲，已经够儿女情长的了。况且很多来英读一年硕士课程的，才不会"浪费"圣诞和复活节假期回国，而"应该"借机去欧洲大陆背包游，开阔眼界、积累谈资。不过说实话，每年九、十月份当我经过伦敦希思罗机场时，发现等待入关的队伍总是那么长，里面总是那么多中国学生：着急翻包找过境资料的、打电话报平安的、疲倦不堪的、镇静自若的。我总忍不住暗暗感叹：留学生真挺不容易的。

举个最简单的例子，大概每个留学生都有过随身带两三部手机或者好几个电话卡不离手的阶段，以便按不同电话公司的优惠时段选择使用不同号码和国内的朋友联系。每次走在商业区、机场，看见各种网络或电话商的包月套餐广告、特价国际亲情号码啦、免费视频啦，这个"小"到随时能让人天各一方的世界，让没有大丈夫情怀的我觉得至少值得适当地"惆怅"一下。

美国的历史学教授苏珊·马特（Susan J. Matt）写过一本关于美国移民史的书，名字就叫《想家》（*Homesickness*）。她指出，地球上四分之一的成年人口都希望能短期或长期移居异国他乡，以换取更好的工作或前途，但新通信科技并未真的减少漂泊异地所带来的精神压力，绝大多数人都会有远离家乡而引起的焦虑，在美国的各国移民大约都会有 20%~40% 最终选择回到老家。马特的结论是：现代人都喜欢世界主义情怀，高歌国际视野，仿佛我们每一个人都"可以"并且"应该"四海为家，但独立的人生被大脑理性地接受是一回事，心绪情感能否承受则是另外一码事了。说白了，再"高精尖"的日子，每个人仍会想家。

有时候我感觉国际化相对成熟的欧美人在对"想家"这个话题上也许更坦诚一点，而中国的年轻人虽然嘴上才不屑跟你聊什么想家呢，但他们的胃不会撒谎。比如一到中国春节，大家照例是吃饺子。不过对很多留学生来说，吃火锅才是春节的重头戏。包饺子需要和面、擀皮、和馅，复杂是复杂，但一个人就可以搞定；而且十个人参与做的饺子和一个人做的饺子，味道差别不是很大。而火锅可大不一样，大伙围坐在热气腾腾的涮锅旁聚餐、谈笑，这种氛围暂且不说，火锅本身就是一种配菜越多越好吃的美食。这个时候，一个人的素味小灶和十个人拼出的杯盘碗碟，那品质可绝对不是一个层次的哦！

我印象最深的是在英国留学第一年的春节。那天下课回家，发现家里已经陆陆续续来了十几个客人。具体有谁，我早记不清了，因为这里有我的朋友、朋友的朋友，还有朋友的朋友的朋友。大多数人我之前都没见过，反正都是在伦敦的中国留学生，一人提议庆祝春节，大家只要没有课的，能来的就都来了。而且每个人都翻箱倒柜地掏出自己的各种宝贝，比如从国内背过来的火锅底料、木耳、粉丝、香菇、紫菜、腐竹、虾皮，还有在伦敦淘到的金针菇、豆腐泡、牛肉丸、墨鱼丸、虾丸、蟹粉丸，等等。一对毕业后在伦敦开餐馆的夫妇还直接从他们的后厨扛来了新鲜羊腿及专业片羊肉的器具。我们一屋子认识或不认识的人七嘴八舌地畅想各自的规划，屋内锅碗瓢盆的碰撞声夹杂着笔记本电脑中传来的国内春晚的歌舞曲艺声响，那气氛如同我们当时辩论的那些理想，纷杂、热闹、充满戏剧性又那么合情合景。

　　虽然对思绪的"冷处理"是大丈夫情怀所认为的酷，但餐桌上的宣泄却无须伪装。虽然"想家"是想家的人口中的敏感词，但胃可以不用撒谎。

不会撒谎的胃

吉屋寻租

房屋租赁不仅仅是一笔交易，更是一种人与人的交往。

　　每个在异地求学或工作的人定有一肚子关于租房的故事：从最初寻找安顿之所，到逐渐对安全、便捷和舒适提出各种要求，找个好房子和好房东大概在哪个国家都是不容易的呀！不过租房这件事在不同国家和城市的体验则大有不同。像伦敦这样的大都市，市场变化快，常常上午刚招租的房屋下午就有房客了。在供不应求的地方，房东可以筛选房客；而在供大于求的城市，寻租者可货比三家。

　　每年年初是英国房屋租赁市场的旺季，因为这正是学生趁学期间歇更换校舍或迁换新宅的时候。我曾经居住过的坎特伯雷小镇是个名副其实的大学城，城中每年的搬迁流动自然更是遵循这个规律。比如圣诞节前，我们当时的邻居小姑娘一参加完毕业典礼就忙着收拾行李。和她的很多同学一样，她要赶着在过节前搬回自己的老家，这样就可以省下不少房租。一边是学生们忙着迁出旧宅，一边则是各中介公司花花绿绿的寻租广告牌子随之迁入。年末假期只见空中"噼噼啪啪"烟花绽放，地上"叮叮当当"招牌丛立，自有一番热闹。

记得当时搬去坎特伯雷这个小镇的时候，我和先生领教了英国房主的各种挑剔。和大部分英国房屋出租广告一样，这里的广告会注明房东的部分偏好，比如"职业人优先"，或者"多子女大家庭优先"。虽然绝大多数房东另有私宅，甚至住在别的城市，其日常生活和所出租房屋及周边邻里并无大关系，但他们似乎都认为选房客如保持房屋临街面整洁一样，也是一种业主责任，代表着他们的"品位"。我们遇到的一套房子甚至还明确提出"单身免议"，中介说这是因为房东是个保守的老太太，她觉得单身房客必然会有异性朋友分分合合的纠葛，有伤风化，有损她房产的名声。但广告里的要求还不是全部，在求租的过程中，中介会更进一步向求租者收集业主关心的信息："教育程度如何？职业是什么？经常出差吗？喜欢花草吗？养猫吗？养狗吗？有小孩吗？抽烟酗酒，或有其他不良嗜好吗？"那气势好似政府人口普查的调研员。不过从和当地中介的对话中也能了解到，这些房主多是当地中介多年的老主顾，他们不仅对房主的喜好了如指掌，而且为房主把关是他们信任关系的基础。

虽然中介告诉我们，他们从没有决定权，而会把所有候选家庭的信息统一递交给业主，由业主最后拍板，但我和先生还是条件反射式地进入"竞聘"模式：在中介带我俩看房的过程中，我俩搜肠刮肚地在其面前施展魅力，想方设法地证明我们的入住一定会给小屋锦上添花。回想起来，那场面十分滑稽，不过像坎特伯雷这样的小镇一房难求，当然要尽力争取"印象分"呀！

在"魅力攻势"下，我们终于租到了现在的漂亮房子。不过后来中介说，其实是职业让我们"险胜"。因为当时和我们竞争的是一对律师夫妇，而且对方大方地开出了比要价更高的月租。但一边是"维权专业户"，另一边则是"文弱书生"，两类房客之间，业主自然选择了"比较好应付"的那对！

有些国内的朋友好奇在日常生活中英国房东和房客的关系是怎样的，比如，这些在签约前百般挑剔的房东会不会很难相处？以前我也有这种担心，因为来英国前我对租房有个很现实的理解，即它是高流动性城市生活里不可避免的一种"交易"而已，所以初次碰到有些英国业主提出各类与房租无关的要求时，我觉得他们都是多事一族。比如我们以前的房东 Rob。当时经过中介初筛之后，他还要求亲自对房客进行"面试"。见面前，我和先生想象他一定是个性格古怪又苛刻的家伙，结果发现他是个脾气温和的大叔，他说要求"面试"实在是因前车之鉴，他也是为了避免和性格古怪的房客相处呀！Rob 的担心也不无道理。租房的经历越多，我越发现房屋租赁确实不仅是一笔钱与房子的交易，更是一种人与人的交往。

"有问题找房东"是我在英国独立生活学到的第一课。比如几年前我刚搬入一个小公寓的第一周，热水器就出毛病了，初来乍到英国，我应该找谁呢？英国的朋友一致说我应找房东，我还有些犹豫，因为刚搬进来就把屋里的一个大件给"弄坏"了，会不会给原本就挑剔的房东留下坏印象呢？朋友们倒觉得不找房东反而不符合权责社会的规矩，一来热水器是房东的财产，出钱请哪个公司修也应该是房东（而不是房客）的选择；二来房屋出了意外问题影响房客起居，按合同房东有义务给予解决。听了这些分析，我仍有些底气不足地联系了房东，没想到对方很爽快，下午就帮我找到维修工人把热水器修好了，顺便还检查了暖气系统！

当然，虽然"有问题找房东"是个通行的准则，但并非所有英国房东都能及时处理问题，有些房东也会不负责任地给你拖上几天，甚至一个多礼拜。或许是巧合，但我的体会是：出租时"挑剔"的房东往往在出现问题时也最靠得住。

比如上文提到的 Rob 就是个好房东。英国人做事有板有眼，凡事讲究"专业性"，别看 Rob 只有两处闲置的小户房产，他还加入了英国的"全国房东协会"，这是为了更好地维护自己的权益，也为了使自己这个房东当得更专业。而在我们租住他房屋的这两年里，Rob 几乎就是我们的"全方位生活服务热线"：洗衣机坏了找 Rob，水管破裂找 Rob，天线接收不良也找 Rob。我和先生开玩笑说，难怪英国年轻人不着急买房，因为自己买房之后，可就没有好房东为你排忧解难了呦！

有这样的好房东，作为房客的我们自然也会悉心照料花园，观察老房子的各处变化，发现问题及时告知维修。比如去年我们无意中发现地下排水管漏水，因为发现早而帮 Rob 避免了一次大整修。所以房屋租赁真不仅仅是选择住什么样的房，也是选择和什么样的人打交道，主客之间若脾性相投最好，而能相互尊重与体谅才是最重要的。

缺德的"恶"房东我们也遇到过。倒不是"包租婆"那样态度恶劣的房东，而是只把租赁当买卖、把房客当取款机的房东。很多英国中上产人士会把买房作为一种投资，所以出租的这些房屋有的时候还有贷款尚未还清，如果房东在还贷上出现了问题，银行会把房屋收作抵押。那时，不仅房屋租赁契约当即无效，而且银行会换门钥匙。但是有一些这类房东因为已然陷入财务危机，在长达几个月和银行协调贷款的过程中，会刻意向租户隐瞒，能多挣一个月的租金是一个月的。

所以不乏有蒙在鼓里的房客，直到银行来换门锁的当天才知道真相，那个时候房客只有两个选择——要么选择和自己的物品一起被锁在屋里，要么选择离开房间，但自己的物品在漫长的法律诉讼之前是很难有机会搬走的。

2008年全球经济大滑坡的时候，我们在纽卡斯尔租的房子就出现了这个问题，还好我们和中介在跟房东的沟通中事先发觉了蛛丝马迹。当房东不情愿地承认这个事实的时候，我们距离被迫迁出只有短短10天。不过我们很幸运地遇到了Rob，并以神奇的效率租到了他的房子。记得签订租赁协议的时候，对于"惊魂未定"的我们，Rob还打趣安慰说："放心，我这个房子是我爸爸传下来的，贷款早还完了！"

除了房东，租房自然还需要考虑到邻居。英国人对他们维护邻里关系的传统是非常自豪的。这确实不假。我觉得"远亲不如近邻"这一点在很多英国人心里也成立，不仅平时注意街坊邻居相互照应，而且一些老住宅区会很在意维系自发的"社区"意识。比如圣诞新年，新老邻居会约在一起聚餐交际。而平时我和先生小巴经常出差，房子的安全问题就全拜托邻居啦！有时我们忙晕了头，忘了收垃圾的日子，我们的好邻居会主动帮我们把垃圾桶拉到临街的位置等待垃圾车清理。即便在网络拜年和电子贺卡风行的时代，我家在今年圣诞节仍然收到了三张贺卡，分别来自我们左面、右面和对面的邻居！

当然也不能一概而论，尤其在人口流动比较大的地区，偶尔也是会遇到刁蛮的邻居的。我来英国留学后吵的第一架——也是目前吵的唯一一架，就是和我当时的邻居！

当时我和闺蜜老陈一起在伦敦的三区租房，我们和楼上一家黑人共享一个走廊和大门。听说这家人在这里租住了很多年，时间长了，他家的老太太也有点倚老卖老的做派，特别喜欢抱怨，就连送货的人按错了门铃也要找我们指责控诉一番，总之其抱怨的内容之丰富、种类之繁多，好似"职业上诉人"，连中介大叔都对其退避三舍。

当时我刚到伦敦，初来乍到，自然是多一事不如少一事，所以我和老陈开始都以和为贵。但似乎我们的客气反而让这个英国老太太觉得我们好欺负。有一次她又敲门抱怨过道的卫生问题，本来事情不大，她说一说，我们打扫一下也就完了。谁想她倒阴阳怪气地讥讽起来，又冲我们大声嚷嚷："我告诉你，我已经受够你们了！我再也不能忍受了！"

她这种自以为是的骄横态度让我冲了出去："你以为亚洲人都好欺负吗？你喜欢抱怨，那咱们就比一比：你们家半夜在我们屋子的窗前大声聊天，蹭用我家的插座，擦车之后弄得公共楼道里满是土……这些，不要以为我们保持沉默就不知道。不要以为早搬进来几天就可以教训别人。"

我猜那个老太太一定没想到这个平时不怎么说话的 Joy（我的英文名）居然吵起架来英语如此顺畅自如，她气哼哼地说："我，我不跟你说！"

我说："可是我在跟你说！"

以牙还牙完，咱不能忘了风度，我向她挥挥手："Have a nice day（日安）！"在我关上房门的那一刻，老太太哑口无言，似乎还在消化刚刚发生了什么。反正从那之后，她成了模范邻居。

我在英国和法国居住期间，最好的租住体验，也是赢得最多朋友羡慕的，来自面向学术人群、独立于任何大学的学院式宿舍。这里指的是我在伦敦时住过三年半的 Goodenough College（GC）和巴黎的巴黎城市国际大学（Cite Internationale Universitaire de Paris）。它们非常相似，都不是传统意义上的"大学"，因为它们既不授课，也非学位授予机构，只是集图书馆、餐厅、几十个会议厅、体育中心、剧院、展馆为一身的庞大学术与文艺住宅区。成为这里的居民，你只需具备以下身份之一：研究生、学者或自由艺术家。

它们都是在"一战"后因对非理性战争的反思而建立的独立"学院"，立院之本也如出一辙：维系世界和平与繁荣的关键在于相互了解，但对异己文化的求知欲要从青年时代培养。因此，两个学院都从培养相近的生活习惯入手，吸引（欧洲）各国有望成为各行业领袖的优秀青年来伦敦或巴黎游学，为其提供自由交流的住宿环境，希望这些青年才俊的交流会帮助日后减少文化冲突。现在，这两所学院早已从世界和平这个大框架转向更为实际具体的目标，但其培养年轻人对文化差异的好奇与探索这个思路还是没变。

绝大多数年轻人，尤其是来自世界各地的留学生喜欢入住这样的社区，首先是被它非同寻常的"好玩"所吸引，比如巴黎的这个学院每年的各种文娱活动有 800 多次。只要你有好奇心，每天都有不同的事情等你参与。其次，较严格的入住筛选标准（比如我申请入住 GC 的那一年，据说录取率是 1∶8）也预示着：每一个最终坐进餐厅里吃饭的年轻人都和你一样有着有趣的经历和想法。很多学生会依自己的特长主动组织舞蹈、音乐、美术、瑜伽、设计、表演、棋牌、各国语言的免费培训等活动。在 GC，任何居民还可以以 15 英镑的低价，包下社区内的一个小咖啡馆，提前发布任何一个你想了解的话题，就会有五湖四海的朋友来和你交换看法。

这些活动可不是兴趣小组，也并非美国式的鼓励年轻人展现"自我"的平台，相反，这两个学院的各种活动都贯穿着同一个理念，即鼓励年轻人和来自不同背景的"他者"（Other）接触，探索差异，进而学会享受从差异中提取新视角。举个例子，从申请入住开始，GC就让申请者在自述信上不仅注明自己的特长，也要论述想从这个社区的其他居民那里获得哪些经验。而且为了给学院"保鲜"，两个学院对每个人的最长居住期还有规定。比如伦敦的 GC 最多只会让你住三年，三年后，即便你仍然在伦敦攻读学位，即便你愿意出高价，对不起，你必须搬走，把在这里居住的机会让给别人。所以，我在上文中不经意地提到我在 GC 住过三年半，这着实是一种显摆。之所以有这样的"殊荣"全因运气，当时 GC 几个楼群需要大整修，搬入搬出十分混乱，恰好我正在忙着交论文和答辩，实在腾不出时间找新住处，院方管理员心一软，就睁一眼闭一眼地宽限了我半年。

GC 对住户的唯一"强制性"的要求是：每个居住者每年都有义务参加一次跨学科的正装晚宴。对于这种晚宴来说，精美的食物很重要，而精彩的对话则更为重要。因此 GC 会鼓励大家各自带一位有趣的客人，而学院会事先根据大家提供的学术兴趣安排座次，但为了促进互动对话，每个人和自己带来的客人一定是远远地分开坐的，组织者还会刻意把你安排在不太相关行业的客人旁边。大家入座后也自动遵循着长桌晚宴的聊天规矩：第一道菜和某一侧的宾客说话，而上第二道菜时就要换为和另一侧的宾客交谈。刚开始我觉得这是一件挺痛苦的事：面对没有共同语言的陌生人，从头盘坚持到甜点该有多尴尬啊！事实上，这种聚餐要比想象中愉悦得多，虽然对话未必建立在共识之上，却常常会让你领略到一些稀奇古怪却又不无道理的想法。你会切身感受到世界真没有什么理所当然的一定之规，所以，没有不值得去反思的问题，也没有不值得去了解的群体。

傲慢与偏见

我曾一度天真地认为所谓的社会歧视都是老掉牙的传说，直到毕业找工作的时候掰着手指数数自己身上的几大特点：年轻、亚裔、女性。吓！全是弱点！

作为一个"海漂"，最经常被问到的问题之一就是在异乡生活会不会被歧视，有没有社会偏见的压力。我想先分享两个经历。

第一个经历是在巴黎工作的时候。有一个周末我与先生和几个法国同事聚餐。其中一个同事的儿子说起自己要去美国参加一个野外生存夏令营。我先生小巴鼓励他说："你肯定会玩得很开心，因为美国的年轻人对欧洲普遍都很好奇，所以只要你一说自己来自法国，他们一定立马都围着你转！"这个法意混血的男孩瞪大眼睛说："哇，你在开玩笑吧？！我可知道美国大众文化是很鄙视法国人的。"这句话引来一桌人不无尴尬的笑声。确实，美国底层文化中对法国的嘲弄是众所周知的，这大概来源于世界大战中美国和法国的不同角色。流行文化中，相对于寻求高亲和力的美国流行文化，法国文化那种高傲与疏离也自然会引起一些排斥。这个男孩接着说："我才不傻呢，我会告诉他们我是意大利人！"这时，男孩的爸爸揶揄他说："呦，那你不怕别人歧视你有黑手党的匪气啊？"

一句话又引来大家的笑声。来自五湖四海的一屋子人纷纷说，如果心存偏见，还真没有"完美"的国籍，因为每个地区都会有被别人视为笑料的弱点。法国同事吉尔抱怨说，他在英国短暂访问的时候，虽然在英国的大学里和同事相得很愉快，但街上游手好闲的英国年轻人追着他把法国人喊做"蛤蟆"（frog），实在让他受不了。

吉尔的这个事例引起一桌人的共鸣，即"戴有色眼镜看人"这件事往往出现于相对封闭的市井文化里，而对于那些受教育水平较高，并且与其他文化的人接触频率较高的人来说，他们鲜以模式化的标签去与人接触。确实，社会学就有研究证实过：个体教育、促进交流与立法是减少偏见带来的社会成本的最好方法。

后来我把那晚的情景转述给国内的朋友，朋友的第一反应是惊讶："原来白人之间也有歧视啊，我以为被歧视者只会存在于黑人、黄种人等有色人种呢！"其实"偏见"这一社会风气如同潘多拉的魔盒，一旦被打开，便很难掌控其影响范围，每个人都会是受害者。有的时候，你会遇到有的人明明排斥与某类人往来（比如有色人种、同性恋者或者农民工），但自己还不觉得那是一种歧视，因为他对这些被其自动排斥在外的群体不了解，也不想了解，他只是觉得那是维持他已知生活的一种"范儿"。

所以，有的时候，傲慢与无知不过是同一枚硬币的两面而已。如果说粗暴的标签主义和固执的成见足以让人感慨，我觉得有色人种和有色人种之间、弱势群体和弱势群体之间的歧视有时更让人心寒，比如我要分享的第二个经历。

几年前我在英国工作期间，需要在巴黎组织一个国际会议。这个会议的主题是我定的，资金是我申请到的，与会人也是我邀请的。从世界各地来参会的人中，只有我这个"东家"因为持的是中国护照，所以需要去申请申根签证。不过在国外生活多年，对付这点小小的不方便我是很有经验的，比如我手头上随时都有不同规格的证件照片、关键文书和护照的复印件，还有最近三个月的银行流水单及工资条。和很多国家一样，英国的银行五六年前就为了环保而鼓励储户取消邮寄账单，代之以更为方便的在线账单，但我一直坚持要求银行每个月给我寄账单，因为很多使馆仍然不承认个人打印的账单，而需要银行寄送的纸质流水单。如果换成环保的无纸质账单账户的话，每次申请签证前，我需至少提前一周预约银行给我现场打印账单并盖章。对于来自发展中国家又需要经常出差的"海漂"们来说，"绿色储蓄"通常意味着更多的麻烦。

我想类似的经历很多在海外学习工作的华人都有，所以故事的重点倒不是吐槽，而是那次我去伦敦的申根签证服务中心递交材料时的见闻。我和很多人一样坐在大厅里，等着叫到自己的号去相应的窗口。在等候的时候，我注意到有个申请窗口刚空出位子，下一号的名字即显示在大屏幕上，一个中东家庭就冲到了这个窗口前坐下，然后开始和接待员理论起来，旁边随即又来了一个黑人，举着材料等着。

原来是这位中东男士刚才去上了厕所，而他的太太抱着孩子也不方便抛头露面，因此错过了之前的叫号，这位中东男子要求办事员优先接收他们的材料。

办事员耐心地解释说："你们既然已经错过了第一次叫号，按照规矩，你们需要再等一会儿，等下一轮叫到你们号的时候再来。"

中东男子很生气地说："我不等，我凭什么等？！"

双方理论不休，小孩吱哇乱哭，女人默不作声。办事员说："先生，我们这是为了对每一个人都公平，按号来，错过了号您就需要再等一会。"

中东男子指着持着正确的号码一直站在一旁等待的黑人，和办事员胡搅蛮缠道："哦？你对他公平了，那我的公平在哪里？"

黑人男子在旁边插嘴说："先生，你可不可以让我把我的材料先交上？因为到我的号了，我还需要去上班。"

中东男子说："你要上班？我还要上班呢。凭什么你先来？"中东男子说话时上下打量了一下这个黑人，他穿得很普通，旅游鞋、黑裤子、黑上衣，外面套着个皮夹克。估计中东男子心里在想：一个黑人会上什么班呢？保安、门房、擦地板的，还是换班请假出来递签证的？

中东男子转头和接待员继续胡搅蛮缠，其他工作人员过来，说可以安排这个家庭在旁边的窗口递交材料，但这个窗口还是黑人男子的位置。中东男子很不满，又发威了一阵，最后也只能答应这种安排了。这场纠纷貌似结束了。女人抱着小孩从格子间走出来，中东男子也随后出来，和黑人男子擦肩而过时毫无歉意地瞪了瞪眼睛。

黑人男子说："你说你何必呢？"

中东男子立马质问："你说什么？！"

黑人男子说："你这么一折腾，浪费了整整 10 分钟，你慢我也慢，你说你何必呢？"

中东男子本来已经要和老婆坐下了，马上又跳起来，指着黑人男子说："你知道你是什么吗？你就是一个乞丐！乞丐！我他妈的是英国人，我拿英国护照，你呢？你就是个（来英国抢生活的）乞丐！"

黑人男子也火了，回问了一句："我年薪四百万，请问你一年收入多少？"

中东男子说："我？……你，你，你就是一乞丐！"

"你一年又挣多少呢？"

……

中东男子表现出他"不屑于"回答这个问题，而这场骂战也慢慢地在他含混不清的骂骂咧咧声中偃旗息鼓了。

我不知你读了此事以后会做何感想，是否让你想起曾经遇见过的那些换了护照就自认为脱胎换骨、高人一等，甚或瞬间连母语都忘了怎么说的所谓的"美国人""澳洲人"和其他那些"外国人"？

分享完两个经历，再谈谈我自己对"歧视"的感受。我是个挺幸运的人，到英国的头 6 年里一直在 LSE 当时的科技社会学中心（BIOS Centre）学习和工作。LSE 的国际学生比例是出了名的高，记得硕士毕业典礼上，当时的校长霍华德·戴维斯（Howard Davies）就曾经半开玩笑地对我们说："恭喜你们！有了 LSE 的这段经历，有了在 LSE 交到的这些朋友，至少意味着从今以后你们每个人在世界很多国家都有了一张床！"

而我当时所在的研究中心更是多元化，从学生到老师，20 多个人的研究中心里几乎每个人都是来自世界各地的志趣相投的"海漂"。很多朋友、同事和我一样，不仅去过很多地方，而且都在不同的文化地域里生活过，我们都力图超越传统话语体系的限制，推崇多元文化的实证研究。虽然 2005 年的时候英国各个大学，尤其是如 LSE 这样的名校的校园里到处都能看见中国留学生的身影，但当时 LSE 的社会学系里，只有我一个中国学生，因为绝大部分中国学生都选择了去媒体、经济、管理、金融或者社会政策这些更"摸得着"的专业。所以，我一到英国就扎入了一个多年后才明白是罕有的多元化小圈子。在这个极其"混杂"的圈子里，不论是八卦聊天还是学术讨论都是很轻松的。在我们吐槽各自在世界各地的奇遇记的时候，偶尔会开玩笑说，我们真应该一起写一本《世界混球大同论》或者《世界君子大同论》，因为世界各地的刁蛮之徒的刁蛮路数似乎总能跨越语言和习俗的鸿沟而出奇地相似，同理，旅途中遇到的好心人也往往如出一辙。我们这圈朋友常常说，其实这个世界横向看去，不同社会同一层级的人之间的相似之处，往往会多于纵向看去同一社会不同层级人之间的相似之处。当你意识到这点的时候，你会理解那些所谓的地域和种族标签不过是毫无意义的偏见格子。

可想而知，在 LSE 待的 6 年里，我从来没想过"我是中国人"这码事，因为整个研究中心汇集了从七大洲来的各类杰出的"怪物"，既然都是"海漂"，根本没有人会去过多地在意"国籍""出生地"这些问题。

反而是在欧洲住了七八年之后，当我和先生从伦敦这座大都市搬到相对保守的地区之后，我忽然无时无刻不被"无意又无辜"地提醒自己是个中国人这个事实。这确实是个"无意又无辜"的过程，因为每一次对方都并非出于恶意。比如我们和年长的英国朋友在一起吃饭的时候，朋友会出于关心而询问我："你（能／会）吃奶酪吗？""你（能／会）喝咖啡吗？"

虽然是出于好意，但真让人哭笑不得，仿佛我是昨天才从外太空来的怪物。就如同每次我和先生小巴回北京，最让小巴无奈的就是在饭局上时不时会有朋友同样出于好心而关切地问他："你（能／会）使筷子吗？"或者当小巴津津有味地饕餮水煮鱼的时候，饭桌上忽然响起一阵"哇，你还能吃辣的！""哇，你居然会择鱼刺！"等由衷的赞美——其实这些称赞真的超级倒胃口，因为小巴忽然发现原来在座的都以为他天生感官功能残障。

有一次和以前在LSE的好朋友们聚会时聊到这些囧事，一桌国际"海漂"听了之后爆笑，他们中的很多人有类似的经历。一位丹麦大哥艾友给我支招说："下回人家问你吃不吃奶酪，你就同样无辜地反问他——你（能／会）吃米饭吗？"

我觉得艾友支的这招虽是玩笑话，但其实很有洞见：确实，正如全球化把西方的咖啡、奶酪带到了东方文化里一样，全球化也把大米、筷子带进了欧美人的生活。不过国际化并不意味着世界大同，更不意味着这个世界就如弗雷德曼所宣称的，被压"平"了，差异与偏见依然还是现实。

刚到英国留学的时候，我感觉好极了，因为我和很多八〇后、九〇后的留学生一样，和上一辈中国留学生比起来，我们几乎没有语言障碍。资金上，不仅有全额奖学金，还有父母额外给的零花钱；不仅学校里少有歧视，出门逛个街，大家都挺客气礼貌的；我和我的同事朋友们的研究本身就是关于如何跨越传统话语体系禁锢的。在这样一个优越的环境里，我曾一度天真地认为：人和人之间、面对面的歧视应该只是深埋于市井的传说。直到毕业找工作的时候，面对激烈而现实的竞争，掰手指数数自己身上的几大特点：年轻、亚裔、女性——我才恍然明白：吓！即便在相对开放包容的学术圈，这些也全是弱点！

那段时间我的"偶像"是著名的德裔英国社会学家诺贝特·埃利亚斯，因为这位老先生可是一直到五十七八岁才获得第一份正式的讲师职位呀！好吧，这个世界也许仍然远不是"平"的，但还好，我觉得"天道酬勤"这个朴素的道理放在哪个社会大抵都是对的，所以我就写文章、做课题、写文章、做课题。在这个过程中，我也经历过很多次失败。但后来，我不仅在 30 岁前在英国最棒的（至少我认为是）社会学系拿到了终身教职，而且我这个"年轻、亚裔、女性"也是学院里极少数的入职第二年就通过了校内外评审而晋升为"副教授"（senior lecturer）的教员之一。

从个体层面上讲，有时面对歧视的最好方式，就是证明那些老掉牙的偏见都是错的。

但我不想把这篇短文结束在一个小小的励志口号上，因为做"海漂"的时间越长，"漂"得越远，你就会发现，其实"歧视"和"偏见"与这个国际化的时代越来越不相称，绝不仅仅限于"你强我弱"的比拼，或者简单的促进"相互尊重"这些道理上。

这是个所有人都在标榜国际化的年代，别忘了"国际化"与"国际化"之间还有很大的差别。比如，有的国际化是如学者奎迈·阿皮亚（Kwame Appiah）所批评的，不过是把不同文化如马赛克一样摆在一起撑门面，毫无文化间交流，更无从谈理解；有的国际化则是无从选择的大熔炉大杂烩；还有的国际化或许是个体主动地博采众长，这是我所欣赏的国际化，但这种国际化是有前提条件的。对于真正的国际化需要怎样的"世界化视界"（cosmopolitan outlook），我曾单独著文讨论过，我管它叫"解脱的觉悟"（the liberating prerogative）。

看起来很深奥，但是也许我再给你讲个故事你就明白了，这可是真人真事哟！

我有个朋友，也是"海漂"，他出生在中国大陆，母语自然是普通话，但从小到大，因为父母工作原因，移居了很多国家，换了很多学校。后来长大了，在英国遇到了一个香港女孩，开始学粤语，后来俩人结婚了。现在有两个儿子，一家人居住在香港。

有一次聊天时我们讲到语言对于"海漂"是件很奇妙的事情，比如我吧，我就发现我的大脑有两个边界比较分明的区域：一般在想关于日常闲事，包括整蛊身边人的时候，我基本会用中文思维习惯，直至今日我依然喜欢和妈妈煲电话粥。但和学术有关的事情，基本都是用英文思维习惯，因为来英国之前我是个理科生，几乎没有中文社科的基础，你让我拿中文想我都"没词儿"想。

我这个朋友也很有同感，不过他比我要夸张很多，他说因为从小移居多国，有一阵子，普通话、英语和粤语，三门语言他都说得很烂。而且尽管从小到大四处漂泊，在家和父母说的一直是普通话，但他觉得只有"说英语的那个自己"才是"真正的自己"。现在他住在香港，虽然平时跟同事讲粤语，但他和弟弟在家聊天，即便是从普通话开始，最后总会切换到英语。

而且，最重要的是，虽然他的两个儿子会三种语言，而且跟妈妈一般讲粤语，但他在家和儿子永远只讲英语，不为别的，只因为这是他感觉最舒适的语言。

这就是我想讲的故事。

在我继续讲述之前，我好奇你对我这个朋友会有怎样的评价。

我好奇对于一个"中国大陆出生，在原生父母家庭成长，旅居多个国家，娶了讲粤语的太太，定居香港，会说普通话、粤语、英语，但只会和自己的儿子说英语"的中国男人，你会有哪些评价？

理解吗？反对吗？同情吗？感叹吗？鄙视吗？羡慕吗？还是说不

出来的感觉呢?

好吧。现在让我把这个例子讲完。这确实是个真人真事,只不过,我把所有的地域名称换了一下。

其实我这个朋友是个"芬兰出生,在芬兰父母家庭里成长,旅居多个国家,娶了丹麦老婆,定居丹麦,会芬兰语、丹麦语和英语,但只会和自己的儿子说英语"的芬兰男人。

现在你会对这件事情有不同的看法吗?

我不打算去推测各位会有什么样的想法。但同一个故事,面对中文读者,也许会迎来截然相反的态度。或许"大陆版"会被批评为"装逼典型",而"芬兰版"大概会迎来类似"老外就是开放"的称赞。但其实我叙述的两个版本本质上没有任何差别呀!

举这个例子,我只想说两点。第一点是,其实完全拥抱"国际化"是个挺有挑战性的事情,因为我们每个人都有自己特定的文化背景,会天然地倾向甚至偏执于自己最初接受的文化。因此接受"芬兰人"不说芬兰语要比看着"自己人"不说普通话轻松、容易得多。

或许会引来争议或批评,但我认为同样重要的第二点是,其实"偏见"不仅是给别人贴身份标签,也是给自己贴标签,在认为别人一定如何如何的同时,我们也就在无形中圈定了自己必须如何如何。有时候如果我们允许自己从不同的角度考虑问题,有些行为方式并非真的"不可理喻"。真正的国际化视野会赋予人一种觉悟,一种摆脱那些附加于人、于己的偏见的觉悟。抛开那些条条框框看世界,你会发现这个世界更大、更精彩,也更包容。

或许该聊聊"价值观"

鼓起来的钱包给中国人异地求学提供了方便，但有时候也在无形中给他们筑起了一道墙。

别看中国因私出国的热潮不过才始于20世纪80年代中后期，但现在的留学体验和30多年前的已经完全不同了。记得90年代初我被父母带到美国加州读中学的时候，爸爸妈妈周围的每一个中国朋友都是一个励志榜样。确切地说，在一个初中生听来，他们的经历都是传奇的历险记，这些取得机会和资助来美国学习或工作的佼佼者往往在买了机票之后，口袋里只揣着几十美金便开始了在异国的闯荡。他们几乎每个人都有在餐馆刷盘子、做搬运工、给美国人看小孩等经历，他们刻苦、勤勉，在留学生中"大家帮助大家"的互助氛围下在美国找到了立足点。我印象里那个时候在硅谷和实验室打拼的中国人总是最优秀的。崇拜归崇拜，但那个时候能出国的凤毛麟角，出了国也多半是"苦哈哈"的，尤其那时留学生年龄偏大、接触外语的时间晚，融入西方社会总会有很多不易。

现在则不同啦！不要说留学咨询已经成了新兴产业，也不要说每年秋天在银行国际汇款窗口前排队给子女寄生活费的家长了，光是每年暑假国内各个中学组织的游学夏令营就让人羡慕。语言也不再是问题。我的小侄子最近参加北京市一个英语演讲比赛，虽然我从没觉得贪玩的小侄子是个学业多么优秀的孩子，但他发来的演讲稿的词汇量大得让我惊诧。

"中国留学生"这个群体给人的印象也逐渐发生了变化。有一次下班打车的时候，坎特伯雷的出租司机说他开车之余，也出租房间给学生挣点外快，他特意说，在所有国家的学生里，他最喜欢和中国学生打交道，因为他们"干净、礼貌，而且从不拖欠房费"。有一次我问我教的大三学生对中国留学生是什么印象，这些英国年轻人七嘴八舌地嚷嚷："富有""聪明""大方"。

不过，正如同在国内有"海归"变"海待"之说，中国学生在海外自然也是良莠不齐。中国留学生早已不再是优秀的代名词。2014年一份英国调查就显示，中国学生的整体成绩要落后于其他国家的留学生；在那一年的英国本科教育中，来自欧盟以外的留学生中有52%取得了二类I级别以上学位（相当于"良"），中国留学生中只有42%做到了这一点。英国媒体对此的评论倒也公道、友好，提到语言与文化差异一定是影响中国学生发挥的原因，并且引用了一位利物浦大学老师的话："我们英国学生不出去留学，因为他们没有那个自信，而这些中国孩子敢于来面对挑战。信心很重要，我们应该帮助他们。"但类似于2013年英国巴斯大学中国留学生因贿赂教授通融其论文而获刑等事件，也会让人对这个"富有"的群体产生一些质疑。一位英国罗素联盟（相当于美国的常青藤联盟）的大学老师曾跟我讲过这样一个让人哭笑不得的事情：硕士班上一共35个学生，其中8个是中国留学生。期末提交论文的期限将至，在27名非中国学生中，只有1个学生因父亲重病住ICU而写邮件请求延期，被批准了。而8个中国学生中，一共有6个出现状况：其中1个遭失窃，并提供了警察局证明，学校自然也给予了延期；而另外5个学生都纷纷说自己的电脑突然坏了，无法按时提交论文，要求延期。尚不提英国入学第一天就会向学生讲明数据备份的重要性，电脑故障不能构成延期理由，只说发生在中国留学生中如此高频率的"巧合"，自然不由得让人皱眉头。

其实"富有"与"体面"能成为新一代中国留学生的代名词，绝对是个好现象，不过当中国的留学生只给人留下阔绰的背影的时候，当"富有"与"体面"成为八〇后、九〇后甚至是〇〇后中国留学生仅有的标签的时候，我觉得也许我们需要聊聊"价值观"了。当然，留学生群体如此庞大，不仅每个人的性格、家庭环境和出国目的不同，每个人因缘际会在海外的经历也不同。因此我不认为还可以像30多年前那样归纳出所谓的"中国式留学经历"，不过欧美人对他们所接触到的中国留学生的一些看法，倒是能给我们一点启示。

还是从"有钱"这个话题说起，因为也许鼓起来的钱包是中国留学生这个群体在过去30多年最大的变化了。几年前有一次我和朋友聊天，说起如何分辨亚洲人来自哪个国家。对于欧洲人来说，亚洲脸真是怎么看怎么像，所以这永远是个有趣的话题。不过那次有个英国朋友说："其他国家的我不知道，但是中国人我知道怎么区分；亚洲人都喜欢随处拍照片，你看他们拿出的相机就知道国别了，拿顶级相机的，肯定都是中国人，因为中国留学生都特别'物质'。"

对方倒是无意冒犯，但最后这句话当即让我觉得很不舒服，我反驳说："你怎么能这么说呢？虽然现在大部分中国留学生家境都比较宽裕，但就我所知，大部分人还是要为在英国昂贵的学费和每月开销盘算。大减价、批发超市、优惠通讯费等，仍然是中国留学生中走俏的信息。我并不觉得中国学生会比其他国家的学生更多地追求物质享受。中国很多家庭近年普遍收入提高，生活改善，购买高级电子产品无可厚非啊。你总不能让富裕起来的中国人还每天端着最差的相机，才算不'物质'吧？"

我气呼呼地觉得这是西方人"酸葡萄"的偏见，似乎中国留学生形象应该永远停留在20世纪的穷酸相才好。这位英国朋友听了点点头，撇撇嘴，似乎表示：你说的都对，但是中国留学生就是很"物质"。对于他来说，中国学生"物质"，并不是一个"观点"，而是陈述一个"事实"。

这件事让我很不服气，我实在不明白为什么中国学生追求好的生活会被贴上"物质"的标签。几个月之后，有一次我在火车上看见一个很"扎眼"的中国男孩，其行装倒不是颜色艳丽，只是你能从标识上认出，上衣是古奇的，外套是迪奥的，腰带是 D&G 的，裤子是登喜路的，袜子是彪马的，脚上是一双看起来并不普通的阿迪达斯运动鞋。男孩本身倒也不张扬，很安静、礼貌。不过火车上的这一幕让人看着有一种说不出的"别扭"，我忽然意识到他的"扎眼"在于和环境的巨大反差——既然穿得起这么一身的品牌，为什么还会坐便宜的经济车厢呢？别说在欧洲人眼里这是不可思议的事情，连我都觉得这一幕有点滑稽。

那一刻，我猛然明白了为什么朋友此前说中国留学生"物质"。其实问题并不在于有多大能力索取物质享受，或者应该如何限制物质追

或许该聊聊"价值观"

求，而是在利用物质资源的时候，显得没有任何分辨和鉴赏能力。比如，其实男孩的这身搭配挺好看的，但因为明显与自己的身份和环境不符而显得有点可笑。到底是物为己用，还是舍本逐末地去架空自己的生活，是这位借用一身商标来表明自己"国际化"的男孩子该思考的问题吧。

有时钱是把双刃剑。无后顾之忧的钱包和大方的习惯自然迅速提升了中国学生的受欢迎程度。我在伦敦大学学院（UCL）读书的朋友说她刚到学校不久就交到一圈欧洲的"朋友"，因为他们知道，向中国学生"借"根烟抽很少会被拒绝。虽然明知自己被占了小便宜，但也方便她向欧洲学生开口借笔记，几根烟的小恩小惠也算值啦！

有了"大方"的本钱，自然会方便中国学生和其他学生打成一片，但也有的时候，中国学生的"大方"逻辑似乎也在无形中给他们筑起了一道墙，成为欧美师生眼中让人困惑的群体。比如我先生小巴所在的学校里，几年前有一件让所有教员都对中国留学生"刮目相看"的事：有个中国女生成功申请到博士入学机会，系里的老师像对每一个新生一样，鼓励她去申请一个额度为3000英镑的奖学金，这至少可以帮助她解决一部分求学费用。没想到这个女生立即摆摆手，说："才3000英镑！我还以为多少钱呢，不值得我花那么多精力。"这件事转眼在系里就炸开了，让欧美同事们诧异得直吐舌头：3000英镑是普通学生3~4个月的生活费啊！这惊诧中多少还有对这位学生价值观的不敢苟同。

无独有偶，我曾见国内某网络社区热议"大学的奖学金要不要拿？"这个话题。有人提这个问题大约是源于国内有些大学奖学金评审形式化等，但是当我发现四五十个答案中频繁出现的是"学到东西是最重要的，奖学金、钱不钱的，不必太在意"这个腔调的时候，我对这种洒脱着实不解。

我想很多欧美学生会说，学到东西固然重要，但奖学金也一样重要。因为不管出身如何，"钱不钱的"，绝对值得在意。首先，不言而喻，奖学金是一种荣誉与认可，证明一个人在学习期间，其学业或研究被社会、企业或学术机构视为有意义或者有价值。记得我做学生的时候，和同学一起钻研如何能申请到钱，哪怕仅仅是一张去开会的往返机票。"花别人的钱做自己的课题"是博士生间最得意的炫耀资本。其次，奖学金更是一种能力的象征，因为这从侧面证明一个人有吸纳社会资源以助其完成自己项目的能力。做了老师之后，我发现每个负责任的老师都会为自己的每一个新博士生打探获得奖学金的渠道，并鼓励学生申请，这是锻炼学生能力的手段之一。另外，至少在西方学生看来，申请各种奖学金会减轻自己或家人的经济负担、减少贷款额度，因此主动争取奖学金不仅仅是简单的积极向上，更含有对自己的（学习）行为负责任的实际意义。

换句话说，奖学金不仅是一笔钱，更是对个人能力与其社会价值的一种认可，因此它很重要，值得去争取。尤其对于追求独立的学生，面对大学里的高额的费用，花自己的钱会心痛，花爸妈的钱又不齿，所以要打工、申请奖学金，甚至上门找企业资助。对于大多数欧美学生来说，有奖学金要拿，没有奖学金创造机会也要拿，这难道还需要问吗？

但有些中国学生会显得很"超脱"：钱不钱的不是问题，只要学到东西就行；钱不钱的不是问题，只要我酷就行；钱不钱的不是问题，只要……这些想法虽然有些道理，但以这种无视金钱的方式表达出来，总让我觉得恰恰是在炫耀财力。如同那个中国女孩的"洒脱"其实是

或许该聊聊"价值观"

简单的眼前收支平衡算计，而奖学金所附带的荣誉、能力与责任好像根本没在她的考虑范围内。

所以我想说，"钱不钱的"，也许它就是个问题。

当然，并不能说中国留学生都是"啃老族"。在马赛读书的表姐曾告诉我，有的低年级中国学生早在国内就通过网络找到了工作，到马赛的第二天就开始进餐馆打工了！不得不让人感叹互联网给生活带来的变化。别看打工的传统仍在继续，不过在留学生眼里，由于多半已并非出于生活所迫，打工的内容也逐渐分出了三六九等，积攒履历比挣钱更重要。去中餐馆打工已经是20世纪七八十年代的老皇历了，因为在餐馆端盘子洗碗，似乎学不到什么东西。现在的留学生更善于把打工从体力活转变为"脑力活"，比如投简历去大公司打短工，争取机会给教授当助教，哪怕是在淘宝网上建个小店呢，这样出来履历上也"好看"，回国找工作更有竞争力。有一次我在伦敦开会时遇到的两个同声传译就是两个二十三四岁的中国女孩，其中一个还在英国医学院就读，另一个毕业于信息传媒专业。涉足同声传译这样的"技术活"其实就是因为上学期间想尝试不同的"打工"经历，通过互联网找到翻译公司，结果一边工作，一边锻炼口语，两个非翻译专业的学生做起同声传译也是相当有"职业范儿"。有同声传译工作的时候，一天有几百英镑的收入，是不是很棒？

但我有个来自芬兰的博士同学就说，在餐馆打工才是绝顶聪明的计划，而且她还曾在学校的论坛上现身说法鼓励大家都去餐馆打工。读博士时，她在距离学校不远的一家小酒馆里打工。由于地处市中心，客源不断，每天3~4个小时就是不停地端酒杯、递酒瓶，不过她丝毫不觉得闷。一个夏天结束了，她可以用好几种语言进行简单的交流，收获了一肚子各国笑话，小费自然也收得鼓鼓的。她的理论是：在伦敦不在酒馆打工，就错过了切身体验大都会的机会！

所以，不好说怎样打工就肯定划算或肯定失策，生活也是一样。每一天的生活都面临很多选择，穿衣吃饭是选择，读书工作也是选择；鼓起来的钱包可以是云梯，将我们引到更宽的天地，它也可以是一堵墙，将无数的选择屏蔽于思索之外。所以，要回答什么样的经历更重要、何样的生活才飞扬，在阔绰挥洒自己青春的时候，也别忘了停下来想想自己的初衷为何，你想去获得什么、想表达什么。

学术的四季速写

或许学术圈真的住着一群生来爱啃硬骨头的怪物？

周四下午讲完课回家，在公交车上遇见爱尔兰同事强尼，路上我俩开始盘点起各自公文包里尚需回家处理的事，比如批改作业、修改讲义、点评博士生论文等等。在这些必须要完成的事情中，有些是相对枯燥的，而有些则让人乐在其中。强尼说，他到家就会先去啃那些"硬骨头"，先处理那些自己最不喜欢做的事情，这样后面会感觉越来越顺手，越来越简单。看着我在一旁不停点头表示同意，强尼继续说，这大概既是性格也是习惯使然，就像他小时候每次吃饭的时候，总会先把碗里最不爱吃的蔬菜都吃完，然后就可以安心享受自己喜欢吃的美食啦！

听了强尼的叙述，我又惊讶又觉得好笑，我说："天哪，我小时候有和你一模一样的习惯！"唯一不同的是，每次我去姑姑家吃饭，当我迅速地把碗里某一种（我最不喜欢的）菜率先吃掉，姑姑会误以为那是我最喜欢的菜，然后会疼爱有加地往我碗里继续猛添。这让我弱小的心灵非常抓狂，一边急着吞咽一边"呜呜啊啊"地挥着筷子表示抗议。搞明原委之后，姑姑觉得我这个小孩还真是奇怪。

强尼笑得前仰后合，说，看来真是物以类聚、人以群分，难怪最后这些"奇怪"的小孩长大后都从事了同样的职业。在大学当老师这个职业常被人误解。在传统印象里，教授的形象多半是坐在摇椅上叼着烟斗，是个压力相对比较小的稳妥又清闲的职业。比如网上曾有人向我咨询毕业后在国内大学当老师的事宜，对方选择这个职业是因为"不想太累"。中国如此，英国也如此，以至于英国牛津大学古典学教授玛丽·比尔德（Mary Beard）每年在她的专栏里都会有一两篇老生常谈，来消除这种偏见。

其实传统印象和学术人的现实生活远得不能再远啦！2015 年《泰晤士报高等教育副刊》的调查显示，全英国 87% 的被调查学术人要经常"无薪加班"，即工作量远大于合同规定时间，其中 66% 的学术人抱怨工作时间过长，46% 的学术人意识到其工作量已经影响了其健康，而且差不多一半的（47%）人都觉得是大学占他们的便宜。但就是这样，居然 80% 的被调查的学术人仍然觉得这个职业让人很有满足感！或许学术圈真的住着一群生来爱啃硬骨头的怪物？

但你若问我大学老师这个职业到底是什么样的，我也很难一语概括，因为学术这个职业并非朝九晚五，没有统一的标准。翻出过去几年在不同时间写的四篇关于在大学工作的短文，组合在一起，恰好描述的是春、夏、秋、冬四个季节，连在一起读，倒也能勾勒出英国学术生活的苦与乐。

∷ 春

"当四月以清新的阵雨根除了三月的干旱，每一寸土地沐浴在使花朵孕育、绽放的雨水之中；当和风也以怡人的气息唤醒每一处矮树林和每一片石南荒野上的嫩枝……这时候，如诗人杰弗雷·乔叟多年之前所说，人们便渴望去朝圣了。只不过，如今专业人士不说朝圣，而说去开会。"

这是戴维·洛奇讽刺学术界的小说《小世界》中的开场白。洛奇书中的辛辣幽默让我每每不禁莞尔。确实，学术会议和发表学术文章都是需要用心计划的。况且，学术人又不是书呆子，尤其对于年轻硕士、博士生来说，异域风情、食宿环境这些因素自然是选择会议地点的参考条件。

不过当代学术的节奏与近30年前洛奇笔下的"小世界"已有很大不同。记得上中学的时候，大人们聚会常评论各家的孩子，每次说到我，好像总会听到一句："这孩子不适合搞研究，因为她坐不住。"我自己也一直都觉得这话挺有道理，因为从小听到的科学家、思想家的励志故事中那些学者不是埋在故纸堆里，就是正襟长坐于实验台前，以至于其椅子在地上都磨出印迹，等等。所以我来到英国打算读博士的时候，还曾心虚地问未来的导师："您能坦白地告诉我，我是做学术的材料吗？因为我好像坐不住。"

好在导师觉得坐功并非做学术的必要条件，她倒是挺看好我行动迅速，因为当代实证社会学研究不仅要实地调研，和各种相关人员访谈，课题末期还要把研究成果转化成可用于实际治理的建议，想办法通过各种渠道接触专业团体、政府或非政府机构。要想按时结题，整个过程不仅脑子要动起来，腿脚也要勤快。

当然，关在小屋里闷头分析数据仍然是必需的，而且对于学术人来说，这往往是我们觉得最愉悦的时光，因此会想出各种办法屏蔽外界干扰。比如很多教授撰写论文时常关掉头顶的大灯只开小灯——从外面看好像屋里没人——以摆脱学生打搅。再比如，我周围大部分同事圣诞假期前后绝不会接受任何额外工作或应酬，因为他们都想捍卫自己在圣诞假期闭门谢客的权利，以有足够的时间赶出一两篇文章。

不做科研的人可能很难理解为什么"静闭"对学术工作来说是一种必需。学术写作并非仅来自激情与灵感，而建构在逻辑缜密、行文精确的论述之上。除了旁征博引，英文学术写作里还强调文字凝练以使论述有力。其实很多看似不经意的句式、措辞都是精心设计过的。更重要的是，每一个职业学术人其实都是精明的挑逻辑漏洞的高手，越是要发表于有分量的期刊，越是要求论述逻辑几乎无懈可击，才能通过双盲的同行审议（即在评审者与作者互不知对方身份的情况下，由同领域学者对投稿论文进行审评及提出修改要求）。而越是复杂的问题，需要考虑的因素越多，论证越需要清晰、翔实，表述就越有挑战性。所以绝大部分经典学术论文，别看不过七八千字的长度，也极少是"妙手偶得"而来的，而大多是来自于沉浸式的专注，经过几个月，甚至几年的反复修改。"静闭"自然成了必需。

但蛰伏期过后，从春天到秋天，大家就要忙着奔赴各个会场去散播研究成果，与同行交换意见。即便现在互联网使最新的学术文章只需点击几下鼠标便可呈现在面前，但学术发表周期长，最前沿的进展还需到会场上才知道。即便你懒得出门，提供资助的科研基金会和学校也会督促你去，因为对学术成果"影响力"的评价并非仅仅在于文章发表期刊的影响力高低，还在于你是否最大范围地和学术界及社会分享了你的研究结果。

刚念博士的时候，每年六、七月份的办公室总是空荡荡得让我发慌，因为同事们大多拿着各自的成果去各地交流去了，还在系里面对电脑屏幕的我如留守儿童，猛然发现那些空位子也会形成压力——码字！撰文！也要用一纸机票将自己塞入熙攘的会场！

当然，也有"奔走过度"的情况，比如我的一位英国朋友因为几个国际科研项目在身，曾经有一阵为了协调研究进展和阶段性结果而每个月几乎有 20 天都在世界各机场穿梭。借用戴维·洛奇对学术飞人的描述，他每一段科研故事都得从飞机降落的那一刻开始。

:: 夏

对于每一个按照学年日历（academic calendar）安排作息的人来说，夏天总是意味着结束和开始：上一阶段学习的结束和新一段探索的开始。

暑假大概是每一个学生最兴奋的时段，期末考试后的日子里常常挤满了各种人生、爱情、职业计划：去旅游、开派对、参加夏令营、学一样本领、去现场听摇滚、申请暑期实习，等等。同样享受暑假这一"福利"的还有高校的老师们。那么当老师们谈暑假的时候，他们在谈些什么呢？

对于老师来说，期末考试结束后一个多月的毕业典礼才标志着暑假的开始，因为直至那一天所有学生的成绩才都尘埃落定。当我和同事们披着各自毕业学校的博士长袍站在大厅里等待典礼开始时，大家便七嘴八舌地说起各自的暑期计划来。

至少在英国，暑假其实是高校老师最忙、学术上最活跃的时候。因为没有教课任务，8 月份被大部分人视为"写作月"：完成拖欠已久的文章、敲打下已经打过无数遍腹稿的专著、拟制一份课题申请书。除了伏案写作，世界各地各类学术会议也占据了老师们工作的很大一部分，即便在当下互联网时代，参加学术会议仍然是交流科研成果最重要的途径之一。

听起来有点乏味是吗？但这里面也自有乐趣，比如威廉教授的很多大作都是在夏天的"隐居"生活中完成的。所谓的隐居是指他每年暑假都会和他太太一起搬到他在法国南部乡下的小屋，过一段奶酪、烤面包棍加葡萄酒的简单生活。远离英国亲朋和熟悉的喧闹，乡下的恬静与阳光才更适合潜心治学。

而玛丽的"隔世"行为更极端一些：她每年都会去英国同一个没有无线网络覆盖的海边悬崖待两周，每天做的事情就是在海边看书、静思、观海鸟。对于她来说，在一年高强度的教学和烦杂的学术交流之后，这类静修属于不可缺少的"治愈"。而"恢复元气"之后，夏天剩余的几周才是用来写作的。玛丽写学术文章和 J.K. 罗琳写"哈利·波特"系列所需是一样的，即不用中断写作亲自去煮咖啡，就能有源源不断的咖啡供应。所以一周的"静修"之后，玛丽会蜕变成在咖啡馆安营扎寨的怪物。

以上这两位都是调研完毕只待分析研究成果的，而对于科研项目还在进行中的同事来说，学期中根本脱不开身，暑假则是做田野调查的黄金时段。

当然也有有远游计划的，比如艾米就要去新的国家旅行。我听说过很多关于旅行的收集癖，比如喜欢收集各国国旗的，收集当地车票的，还有好酒之徒喜欢收集当地啤酒瓶盖的，而艾米的习惯则是我听到过最新鲜的：她每去一个新国家旅游都会收集这个国家的宪法！她觉得这才是真正的"深度游"。

而我呢，暑假是我对潮流的补课时间，我雄心勃勃的规划里包括看遍各大美术馆的新展，浏览一年来流行、获奖书籍，试听全部歌曲排行榜，恶补各种电影大片——社会学学者嘛，自然要随时跟进社会的脉搏啦！这还真不是一句玩笑话，因为每年暑假"补课"的内容，都直接用于更新我秋天的教案。要想让最新、最酷的时尚元素体现在自己课件的幻灯片上，就得夏天准备充实！

:: 秋

每学年的头两周，英国大多数大学的研究生院都弥漫着么一点兴奋与不安分的气氛，因为这两周是给学生考虑选课的时间。英国硕士学制大多只有一年，除了主修课之外，一般情况下学生可以按自己的兴趣在全大学的范围内选择3~5门选修课。大概也正因为英国学制短，大部分学生对选课这件事都特别在意，以免把难得的一年学习机会浪费在无用或无聊的课程上。因此，头两周他们显得格外忙碌，穿梭于各个系各个教室之间，尽可能地去试听所有自己有可能感兴趣的课程，然后给每个课程打分排序，再向研究生院提交选课表格。

每一年老师们在这两周也是最为紧张的，因为学生对课程的挑选自然给每位老师都造成了一种"危机感"：谁不希望自己的课能吸引更多的学生呀！尤其英国大学对选修课程一般采取完全"市场化"的管理，每位老师都要自己去争取生源，这可是个不小的任务。比如在我工作的肯特大学，每个研究生都有几百个课程选择，如果只寄希望于学生能"碰巧"从密密麻麻的课程目录中相中你的课的话，那结果肯定会让你大为失望。因此为了保证自己的课程人气，必须要"主动出击"。

每年这个时候我都觉得在英国大学里任教压力颇大，因为大牌教授还可以倚仗名气保证不错的生源，而对于普通学者或者像我这样的新老师来说，要打造课程品牌就不仅得是个满腹经纶的演讲家，还得是个一流的推销员。在每个学生穿梭于各个课堂的同时，每位老师也奔波于各种新生活动以宣传自己的课程。比如在新生欢迎酒会中争取和更多的新生一对一地聊天，比如在各类新生研讨会活动中留下课程说明册或者课程宣传单，再比如周末发出有趣的电邮，提醒感兴趣的学生上课时间与地点。再比如有的学院还会统一组织"选修课介绍大会"，请相关老师来"推销"自己的课程，这里幽默风趣自不用提，还必须直奔重点，因为每个人只有 3~5 分钟的时间向学生介绍课程内容以及学习这类知识的意义。

所有这些努力只是为了能让更多的学生走进老师们的课堂，而他们当中有多少能最终选择该课，试听体验才是重头戏。这种"危机感"倒是激发了我的换位思考，努力平衡学生的兴趣和教学目标。比如我开设的"科技社会学"课程，要是只谈海德格尔、波普尔这些老先生，我估计学生会觉得还不如买经典论著回家自己看，而老师最不能取代的作用是使他们发掘那些他们不曾留意的，比如他们曾热捧"007"电影《大破天幕杀机》(Skyfall)，但未必留意那著名的阿斯顿·马丁轿车其实是 3D 打印的成果，比如他们也许热衷于巴西世界杯，但未必关注过那开幕"第一踢"将由一个残疾少年用杜克大学新研制的超级假肢完成。后来选择我的课程的学生中还有文学系这类八竿子打不着的专业，他说："虽然和今后就业没什么直接关系，但这门课能让我活得更聪明、更明白。"我觉得这是我听到的对我教学的最高评价啦！

:: 冬

"白色圣诞节"在英语里指雪花飘飘的圣诞节，室外圣诞树顶集结的小冰花反射着太阳光，闪闪发亮，地面上孩子们顶着五颜六色的毛帽子打雪仗、堆雪人、竖起耳朵聆听圣诞老人的马车划过积雪的声音。

每年这个时候，我最喜欢的是一大早到市中心的临时圣诞市场，点上一大杯加入肉桂、丁香、柠檬、蔓越莓的圣诞热红酒，就着冬日上午特有的清新与安静，感觉暖融融、甜滋滋的。虽然各种瓶装的圣诞红酒可以从超市买来回家热着喝，但我觉得永远都是市场零售摊上的好，尤其是雪天市场里的最好喝，因为可以看着冰凉的雪花融化进热腾腾的红酒里，特别有圣诞气氛。

对老师这个职业来说，至少直到两三年前，"白色圣诞"还有另一种解释。在网络阅卷尚未全面在英国高校普及的时候，每个学期的最后一周，每当我早上下了公车往办公楼走，远远就能透过学院那被重重哈气覆盖的大厅玻璃，看见里面的圣诞树闪烁着各种彩灯。办公楼大厅里人头攒动，因为学期的最后一周往往也是很多门课期末论文的截止期，院里的学生都在填写论文提交表格，并排队递交到院办秘书的窗口。大厅里回响着两位院秘签收论文时蘸印油、盖章两个程序的声音："嘭嘭嘡! 嘭嘭嘡!"那节奏恰如《铃儿响叮当》的鼓点,很欢快。我推开信箱室的大门,院办秘书克莱尔正一边平衡着几乎盖过她脑袋的一厚沓子论文,一边力腾出手来把这些作业分进相应老师的信箱里——而我的信箱基本已经被那些白花花的打印纸撑爆啦! 边角还塞着几份后交的作业,几乎是靠着纸张间的摩擦力,勉强半挂在信箱边上,随时有"山体滑落"的危险。看到我这个新老师瞠目结舌的表情,克莱尔把最后一摞论文塞进同事的信箱里,忍不住笑着拍拍我的肩膀说:"'白色圣诞'快乐!"

其实英国各大学很早就都安装了网络阅卷的工具,如 Turnitin,但电子阅卷一直没有推行开来。肯特大学也是从前年才开始要求所有老师必须网上判分的,很多其他大学仍无此硬性规定,很多老师也还是偏好纸质判卷。这倒并非是因为大学老师没有环保意识,也并非不能体会网络的方便。有一次圣诞节假期我和先生小巴计划好要回北京的,结果我们分别有一大沓作业要判,光这些学生论文就占据了满满一个手提行李箱! 当时我的第一反应是:如果还来得及给圣诞老人(或者天堂里的史蒂夫·乔布斯)写信的话,我一定要他炮制出一个超级电子阅读器来,不仅要用电子墨水显示,而且还要配有比平板电脑还强大的批注功能! 但这也正是为什么很多老师会排斥网络评分的原因,目前网上阅卷意味着要盯着电脑屏幕,眼睛实在疲劳,比如我判 80 多份各四千字左右的作文,加起来三四十万字的阅读量,相当于在线阅读好几本书,更不要提还要在字里行间增注评语!

以前做学生的时候,在英国过圣诞我一定会下午窝在沙发上看BBC重播的狄更斯老电影。而当了老师之后,每每遇到教学学期有大量作业要判,老电影被我替换成了莱罗尔·安德森(Leroy Anderson）

的流行古典音乐：既有欢快的《雪橇行》(*Sleigh Ride*)，又有让人思如泉涌的《打字机》(*Typewriter*)。一面是扬鞭飞驰的圣诞老人，一面是秉笔疾书的我，很搭调。

翻翻学生写的题目，韦伯、布尔迪厄、福柯……脑海里则是过去十几周讲这些课的情景，一幕幕课堂上学生调皮捣蛋的情景，也未尝不是一种"年终总结"。有几个学生居然在文献中查证了我在课上顺口提起的一些冷僻知识，并写到了试卷里。哈！读起来好亲切。这让在没有雪花飘舞的"白色圣诞"变相加班的我，居然有点沾沾自喜。

小世界

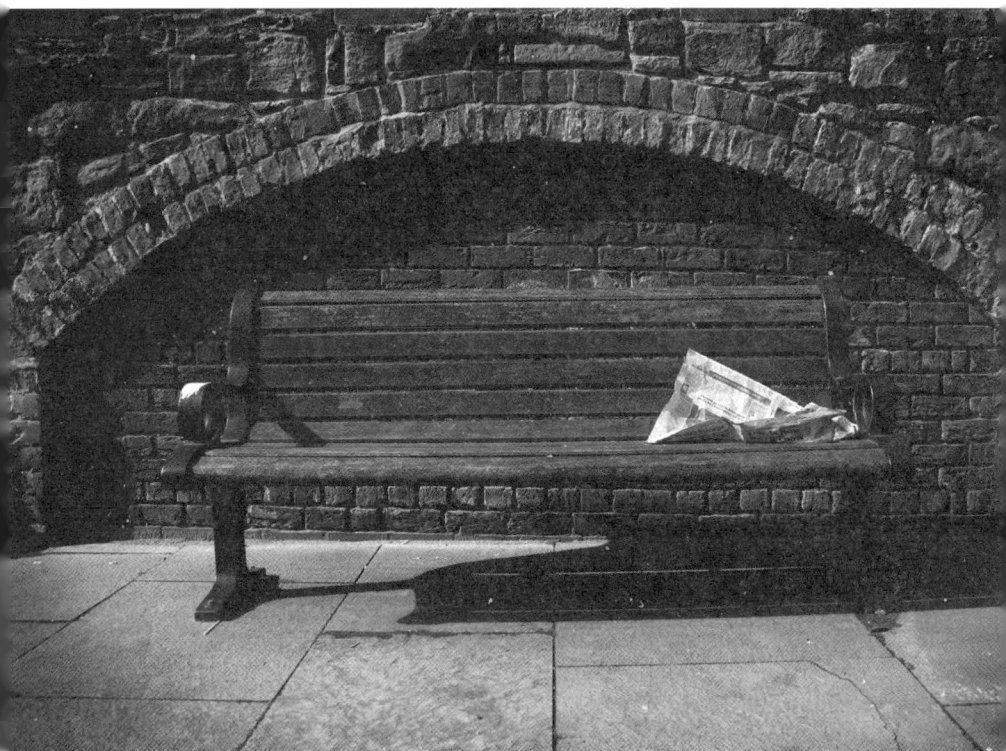

II. 他者的启示

　　当老外的乐趣是，社会不仅允许你对即便是再平凡陈腐的细节发出天真的疑问，而且每每这些无知的发问都会得到热情（但多答非所问）的回复。但逐渐地，你的脑袋里就移植进了一些奇妙的观点，增容了几个乖僻的思路。世界的光怪陆离与精彩纷呈，往往就是从当最简单的生活琐事不再"理所当然"的那一刻展开的。

英国人的规矩方圆

从邮局排队到全国罢工，英国人井井有条得近乎呆萌。

记得上中学的时候，我看到一本旅英散记调侃说，每个国家都有国旗、国徽、国花来象征其文化精髓，但说到英国，还必须得加个"国字"，那就是字母"Q"。因为这是英文里"排队"（queue）的发音。在英国生活，不论到哪里、做什么，都要排队，而英国人好像天然地"热爱"排队这项事业，面对生活中无处不在的长队，不仅不抱怨，而且总能井然有序。

多年后到了英国，我发现果然如此。邮局自不用说，看医生、修水管、装电话等日常生活的一切也都要预约。有时候我觉得英国的"Q"文化实在是到了滑稽的地步，比如有一次去家门口的发廊剪头发，前台小姐听说我没有预约，马上热情地帮我翻找未来一两周的"空位"。但我发现发廊里当时至少有两位理发师都正清闲着，便建议为何不当时就给我理发，前台小姐惊诧得瞪大了眼睛，似乎我这个跳过预约排队的建议冒犯了他们的基本职业原则。但面对我的坚持，她最后只好不情愿地给我开了个"后门"——她帮我"预约"了一个10分钟后的"Q"！

对于英国的"Q"文化有很多解释，比如有的说这是英国人刻板教条的体现，一切都要按部就班地走程序，简单的服务也能积压成漫长的等待；也有的说这是欧洲"慢生活"的通病，不讲究工作效率；还有的说，其实排队这件事哪里都会有，只是英国人格外守规矩，不推不挤，顺次等候，你才反而能看出一条条"Q"来。

这些解释都有道理但也不尽然，因为务实的英国人一般办事灵活，也少见散漫怠工。我对英国服务行业无处不排队的理解是：因为英国人崇尚聊天！这里的聊天是指和顾客的聊天。比如在英国的邮局或超市里，你很少见英国人在上班时和同事说笑，但不管窗口或收银台前排了多长的队伍，遇到爱聊天的顾客，尤其是老年人，他们都会坦然而专注地和其聊上一阵子，而后面的顾客对此颇为体谅且少有抱怨。心急火燎地站在队伍里耳闻目睹那些不慌不忙的聊天多了，我这个外国人也有点悟出这里面的英式逻辑来：大概在英国人看来，服务业本身是个社交行业，效率固然重要，但和每个顾客交流才是行业精髓。

但这种社交化服务逻辑有时也会让人哭笑不得。比如经过漫长的等待，我家终于排队请到了家电公司来维修电路。在我居住的城市，电工永远是个抢手服务。因此我想象他们一定如特种兵般降临你家后，便一头扎进插销电线当中，动作迅速地服务。但事实上请来的两位电工的职业风范在于：他们让你觉得你是唯一的客户。他们并不着急奔赴"下一个"订单，而是一边检修一边耐心地回答我俩所有的问题，还主动拉家常，从好莱坞大片聊到周末的烧烤派对。无疑对他俩来说，一流的电工服务不仅是排除故障，还要与客户相处愉快。但和我们聊天毕竟分散精力，1天，2天，3天过去了，家里墙壁上还豁着各种电路口子。这让我和先生小巴开始尽量绕着他们所检修的房间走，再不敢轻易去"招"他们，不然这热情的话匣子一打开，我家什么时候才能通电啊？

除了耐心周到的服务之外，居然还有些排队等待是法规要求的！今年夏天每次下雨的时候，屋顶上的积水如瀑布一样从书房的窗户前倾泻直下，我们这才意识到大概房檐边上的排水槽有一处被落叶污泥什么的堵住了，需要清理。但和电工、木工、油漆工等上门服务一样，专业排水管清理工也恨不得比牙医还难约。不过还好，等了两个星期之后，专业人员来了。

那是个40多岁的英国大叔。大叔实诚又麻利，停好车，跟我们打个招呼，就直接安装梯子，爬到我家屋顶上去干活。

排水管清理不是什么技术活，其实只要有高架梯应该都能做，所以我们估算着一两个小时应该就清理完了吧，结果不到10分钟，那位大叔就爬下来了。他跟我们说，所有的房檐排水管他都看了，一共有三处淤积需要清理，都是房檐上滚落的苔藓造成的，一共需要70多英镑。

我们自然一口同意报价，请他清理。英国大叔笑着摊摊手说："很遗憾的是，今天我不能给你们清理。"我俩很惊讶："为什么？莫非你还约了别的客户？"

大叔急忙跟我们解释说没有，其实如果他不给我们清理，这一大早他也只能闲着，挣不到钱，因为他并没有预约别人。但当地的工商法有规定，凡超过一定数额的服务（具体数额记不清了，但低于70英镑），都需要给客户提交书面预算，并给客户至少一个礼拜充分考虑的时间。这主要是为了避免客户被"奸商"忽悠，一时脑热花了不该花的钱。

天啊！英国法规能扶弱助贫到这么细致的程度！

先生小巴不放弃最后的机会，他向英国大叔分析说："你看，我和我太太都是时值壮年、冷静的独立行为人，我们很乐于接受你的报价，而你也不想再跑一趟，既然'你情我愿'，不如今天咱就把这份活给干完了？"

听了小巴的建议，英国大叔忍不住笑，他不住地摆手说："不行不行不行，这是我们行业的规矩呀。"但大叔马上安慰我们说，他会以最快的速度把书面预算发给我们，我们签好字之后，不过就是再等一周嘛！法规面前，也没什么好争辩的，我们也只好悻悻地答应了。

英国大叔果然不食言，下午就把长达七八页纸的正式的预算发到我们的邮箱，我们也马上签字同意。但法律上，我们还要排一周的Q！

英国人这种"丁是丁，卯是卯"的认真劲儿渗透于各个领域。有时候我觉得英国人不仅日常会安分地在自己的办公室方格里各尽其责，就算他们做出格的事情，也依然讲究有板有眼，英国味十足。

就拿罢工这件事来说吧。罢工在欧洲并不新鲜，尚且不说公交司机罢工，邮政系统罢工，博物馆人员罢工，就单说英国高校老师的全国罢工，我到英国以来感觉每一两年就会碰到一次。近两年因为经济下滑，为了高校教师薪酬和退休金等权益，英国高校联盟（UCU）这个工会组织更是发动了多次维权罢工。别看罢工的目的是为了抗议现有的某些制度，打破既有的现状，但英国人在对待罢工这件事上，不论是组织者还是参与者都是绝对的"条框思维"。

刚到英国时，每次听说大学罢工，我都会发现有些老师"撂挑子"以示抗议，而有些老师则仍照常工作，我常疑惑为什么老师们这么"不团结"，而且这两种人在楼道里见面依然谈笑风生，好像一点都不介意对方的不同"立场"似的。后来在高校工作之后，我才知道，原来罢工时是否工作和"立场"无关，倒是和你是不是工会的成员有关。

即便是全国性高校老师罢工，也不是所有高校老师都可以罢工，只有缴纳了会费、是工会成员的老师才可以罢工。因为即便是针对某些劳务条件或者政策原则进行罢工抗议，在英国人头脑里也"一码是一码"，只对具体事件进行抗议，但依然尊重工作契约。而停工自然是对雇佣合同中的劳务双方都有损害的，如果雇主威胁扣发参与罢工人员的工资的话，那么在由工会发起的罢工情况下，工会将对会员的经济损失给予相应的赔偿。

而那些没有加入工会的老师，若自愿参加罢工，其经济和合同风险则是要自己承担的。因此就有了我上面所说的，有的老师（工会成员）罢工，有的老师（非工会成员）则需继续按时上课，有几本作业判几本作业，即便是徒劳。比如我有一年和三个同事一起教大二的一门必修课。学期中遇到罢工，我们四位老师里三个都是工会成员，而其中一个老师不是。记得那次罢工时间特别长，拖沓了大约1个多月，罢工期间我们都拒判作业。虽然没有我们三个的成绩，那位未参与罢工的老师判完他那部分作业也不能发还给学生，但他依然要按照规定，在3周内把他需要判的作业判完。然后呢？然后那摞按时判完的作业就静静地在学秘的桌子上落土呗，直到我们陆续复工交齐我们判的那部分作业为止。有一次我半开玩笑地问那位非工会成员的英国同事，我们罢工他是不是特郁闷，他说，他还得感谢我们在为他的福利"斗

小世界

争"哪！

英国人的"条框思维"还体现在：罢工在英国高校界可谓"形式灵活多样"。工会会按照不同的目的和事态的严重性来组织不同形式的罢工，全天罢课或连续罢课并不常见，因为老师会考虑到在争取自己权益的同时尽可能减少对学生学业的影响，所以去年几次罢工都是采取全国罢课一小时。这里的逻辑是：老师在和学校抗议，但老师还是应该尽最大可能对学生负责。

比如上面我提到的那次"罢判作业"的罢工，即全体工会人员拒绝参与所有对学生学业的正常评估，比如拒绝批改作业、拒绝审核成绩、拒绝出期末试卷，甚至拒绝参加学位审核会议。不过老师也不会完全撂挑子，其他一切教学活动，如讲课、讨论课等全部照常。虽然罢工期间，没有老师会对作业进行正常批注，因为这被视为"原则"问题，但其实老师们依然会担心没有及时地反馈会影响学生的学业进展，所以不少老师会想退而求其次的方法，比如在交下一次作业或者期末考试前，给学生以简约版的口头评价，或增加单独辅导等迂回方式，减少对学生的影响，师生关系还要保持融洽。说起来，其实罢个工也够操心的！有些留学生不熟悉英国的高教文化，听说老师在罢工，便开始琢磨不如自己也不要写作业，"交了作业老师也不会判"。这可是大错特错呀！因为从英国大学的角度看，这完全是两码事：老师可以因为罢工而无限期延迟判作业，但此事与教学标准无关，学生依旧要按时提交作业，迟交的作业依然是零分。

英国学生也有相应的"条框思维"：他们往往会非常支持与理解老师的维权活动，但与此同时，他们也会捍卫自己的权益。比如"罢判作业"这个举动也许看似不大，但在英国高教界历史上就是个很有"杀伤力"的罢工活动。英国学生的权益意识很强，他们来大学并非仅仅是要一张证书，更是要获得"物有所值"的学习体验。当我们向学生公布此次罢工活动之后，我的一位大一的学生写邮件说，他很支持老师们罢工，但他的作业没有得到及时批改，他觉得自己向学校交的每年 9000 英镑学费被打了折扣，所以他决定向校长写信索要"退款"。

事实上，英国全国各地真的有很多学生及学生组织这么做了，各个高校开始不仅担忧正常教学秩序的中断，也担忧自己在未来全国毕业生满意度调查中的排名，因为在英国高校看来，学生才是衣食父母。

别看英国"一码是一码"的思维有时有点滑稽，但我倒觉得很可爱，你甚至可以说它有一种呆萌气质。英国人都认真得傻乎乎的，他们不喜欢虚张声势，也看不起投机取巧。他们为人处事似乎特别在意对得起"本分"二字。你若企图诱导他跃出规矩方圆半步，好像立马会在他们身上起化学反应，引发他们从表情到肢体的浑身不自在。

但也着实不好说英国人刻板或教条，因为在英国生活的时间越长，你越会发现其实英国人相当地务实。比如英国法律体系从 12 世纪初就是判例法（common law），即不以金科玉律判对错，而以常识（common sense）来定夺公正与否，而在我后面讲述英国大学如何对待学生的要求的"谁没烦恼过"那部分，你也可以看到英国人其实也很在意维持标准的弹性，变通有数。

你也不要误以为英国人恪守"不出格"就没有激情。你看满大街那些西装革履的英国男士们，他们坐下来十之八九会不无得意地彰显裤脚下那一双双大红大绿甚至五颜六色的袜子，这时你就会恍然大悟：原来每个体面又内敛的英国"绅士"内心里都住着一个"朋克"！

其实英国人也有不少拿自己国家的各种法律法规开涮的，但日常言行，他们又会傻乎乎地自我规范。曾有人开玩笑说，即便只有两个人，英国人恨不得也要排出个队形来，不然不舒服。而生活中，我发现英国人会从容地为你服务得很周到，因为他们相信你在你的岗位上也会以同样的职业范儿回馈给他们；他们会调侃法规的繁冗，但不会投机，因为他们知道换个场景，自己也可能会是需要法律保护的弱势群体；他们尊重彼此的权益，因为这样才保证了相互制衡。你可以说这是尊重社会契约，可以说是节约诚信成本，也可以说是维护道德底线。总之，英国人规矩方圆的呆萌背后不乏大智慧。

"英囧"

在英国住得越久我就越觉得，英国城市管理的宗旨根本就不是为人服务的，而是让人类少给动物添麻烦。

虽在英国久居，但我养成定时刷国内的各路新闻的习惯，包括娱乐新闻，要不然下次回国和朋友见面聊天就"out"啦！在写这本书的时候，徐峥的"囧"系列电影又有新片上映。一个原本意为"光"的生僻字，"囧"，因为形似愁苦的倒霉蛋儿的面孔，不仅成了流行语被赋予了新意，更被徐峥的电影打造了一个新现象。在 YouTube 上看国内的一个电视访谈，问徐峥为什么跟"囧"字干上了，他说因为"囧"字抓住了中国人现在的一种生活状态。

这话说得有趣，也挺有道理：在这个变化快得让人无奈的时代，谁都难免遇到各种哭笑不得的尴尬事儿。不过我觉得如果徐峥来英国体验体验生活，估计会对"囧"字有更为深刻的阐释。比如？比如你看查尔斯王子那面相，根本就是一个写意派的"囧"嘛！

说正经的，我觉得作为一名人类在英国生活真是够囧的。如果让我拍一部《英囧》，那我的镜头一定要从我家的"人蜂大战"开始。

那时我和先生小巴租住在英国东南角肯特郡的坎特伯雷小镇。记得以前读过一篇随笔，其中对英国住房设计有个独到的观察：英国大多数房子沿街的花园都很小甚至没有，不像美式洋房中宽大的前花园是向外人展示的重头戏。大部分英国家庭的花园都在房子的后面，是以取悦自己为目的的"私人"花园。这个描述和我在伦敦与纽卡斯尔城里租住的房子相符，但似乎并不适用于坐落于郊外或乡下的房子。我们在坎特伯雷的这个房子就是个例外，尤其正好还在路口，它前面有个 8~9 平方米的半弧形前花园，几年前房东沿着街边种下了一圈漂亮的薰衣草。

那年夏天得益于英国少有的长时间高温，我家的薰衣草开得特别旺，使小屋前终日弥漫着淡淡的清香，几乎每天都会引来路人驻足赞叹。起先我对这非己之功还颇为得意，但过了几天我就开始有点担心了，因为这个小花园不仅吸引路人，也引起了蜜蜂的兴趣。尤其窗外"嗡嗡嘤嘤"的不是路边偶尔可见的小蜜蜂，而是常出现在儿歌中的那种体形稍大的大黄蜂（Bumble bee）。有一次我数了一下，好家伙！最高峰时一个院子里差不多约有 30 只蜜蜂在同时忙碌着！

由于英国少有蚊蝇滋扰，窗户都没有纱窗，我在家开窗户变得很谨慎，开窗前先打探一下前院的情况，回避采蜜高峰期。但时不时仍会有只大黄蜂误闯进屋来，引起我一番大呼小叫。每次看我左躲右闪，小巴都乐不可支。他告诉我说，这种大黄蜂其实是很友好的动物，不蛰人的。

不过看那些蜜蜂威武的架势，我可不信。在这点上，我和邻居家的英国大叔结成了同盟。而且邻家大叔比我更怕蜜蜂，还颇有"维权"意识，看到蜜蜂连续几日不散，他决定向小城的动物控制中心（BPCA）"报警"，认为蜜蜂聚集会妨碍公众出行，请求驱赶蜜蜂。坎特伯雷这个小镇不大，而且社区感很强，所以我们想象着这一通电话打过去，居民的困扰一定会促使控制中心立刻派出专用车辆，由训练有素的动物控管员操纵特殊设备、帅气又高效地将蜜蜂"请"到居民区外，使这一"人蜂纠纷"得到满意的解决。

但事情远没有我们想象中的简单，动物控制中心的工作人员先对蜜蜂种类进行鉴别，在确定是非攻击性蜂种之后，居然决定不进行驱赶！他们说社会机构有保护居民的义务，也有保护动物权益及自然生态的义务。不过为了使我们放心，BPCA 的工作人员进一步向我们解释说，此前他们也接过类似的报案，因此这一地区大黄蜂的行踪他们是有记录的，它们每年的居所和活动范围不定，比如今年它们筑巢在城中距我们步行不过 5 分钟的那家大超市的房檐下。

总之经过一番周折之后，我们拿这些蜜蜂也毫无办法。BPCA 的答复是：既要保护居民也得保护动物，两者的权益都重要。明显他们是站在没有辩白能力的蜜蜂那边，反而是我和邻家大叔被科普教育了一番。等管控员们上车离去，我俩回头看见蜜蜂们"嗡嗡嘤嘤"忙碌依旧，气势不减！我和邻家大叔也只好相互勉励说，没关系，好歹这下咱掌握了这些大黄蜂的"家庭住址"！说到此，我和邻家大叔也就假装踏实多了，蹑手蹑脚地避开蜂群钻进各自的家门。怎是一个"囧"字了得！

这是我和 BPCA 的第一次接触，如果说我和动物争权的第一回合以失败告终，那第二回合更是遭遇滑铁卢。

和蜜蜂争权的第二年4月份，我们在肯特郡的另一个小城买了房。搬入新家一切顺利，直到6月份入夏之后，我家屋顶上不请自来地落户了新"邻居"。几乎每到凌晨四点半左右我就会失眠。无论是把脑袋埋进枕头、戴上耳罩、眼罩，任凭我从山羊数到绵羊，每天早上我返回梦乡的各种努力依然都会在郁闷与窝火中以失败告终，只能对着天花板那一侧的热闹欢嚣干生气！

可是偏偏屋顶上的这个新"邻居"让我奈何不得，因为它们不是寻常人家，而是受英国野生动物保护法严格保护的海鸥！我以前只知道海鸥身姿健美、优雅动人，但自从它们在我家烟囱里安了窝，我就领教了它们起早贪黑的勤勉。每天天蒙蒙亮，"楼上"就开始搅动起来，而垂直的烟囱及空荡荡的三角阁楼简直就是天然的扩音箱。各种热闹声连续不断地传来。蒙眬惺忪的我只能想象它们是在洗漱、吃早饭、晨起伸展。这时最能表述我心情的唯有那句关中方言：额的神呐！

我不是没有尝试过改善这个"邻里关系"。我给BPCA打了求助电话。当然，有了"人蜂大战"的前车之鉴，对于BPCA首先会维护动物的权益而不是我的权益这一点，我已有充足的心理准备。

况且我也挺支持动物保护的，正因为英国对环境和对动物的保护，才使得即便是在市区也能见到小动物。记得刚到英国的时候，我住在相当于北京北四环的伦敦三区，晚上窗外居然还会偶尔有小狐狸光临，而偏离繁华都市的小城市里，松鼠、刺猬、野兔都不是特别稀奇。因为大家都爱护动物，所以英国邻里会放心地放养家猫。我家附近大概就有5~6只这样整天在外面疯跑的家猫，其中有只猫总来我家后院玩，毫不认生，完全把我家当成自家的地盘。因为它的毛色以白色为主、兼有灰杂斑块，所以我管它叫"胡椒盐儿"，但其实至今我都不知道它的主人是谁，在我眼里它和它的主人一样都是我的邻居。

我并不是想把海鸟都赶走。我家不仅有海鸥，三楼的屋檐下还有海燕在筑窝，想想燕子来北京家里筑窝还是我上幼儿园时候的事情了吧，那会儿封闭阳台尚未在北京流行。有燕子在自家屋檐下筑窝感觉很亲切，相比之下，海燕这个邻居文明多了，它们从不会打扰你的生活。但海鸥就要霸道许多，吵闹不说，还有戒备心过度的暴脾气。有一次我们斜对面的邻居想帮助一只受伤的小海鸥，结果被海鸥爸妈当街啄了个头破血流呀！

因此，我只是想寻求BPCA的专业帮助，把海鸥的窝小心翼翼地"请"出烟囱，并完整移植到一个有阳光又通风的更为舒适的环境里。"比如"，我对着电话真诚又慷慨地提议，"可以在我家后院的树上呀！或者葡萄架、草坪、工具棚，任何地方，它们可以随便挑呀！"

然而英国的动物保护法再次让我瞠目结舌。BPCA的工作人员耐心地向我解释说，依据英国的法律，即便在私人领地里，包括房主在内的任何人都不得搬动或打扰正在使用的海鸥鸟巢，连在鸟巢及附近妨碍海鸥的日常生活也不行，尤其当鸟巢里还有小海鸥的时候，否则要处以高额的罚金！这是为了充分保证鸟类能在舒适的环境中自由且自主地生长繁衍。

不过工作人员安慰我说，并非我以后就要永远与海鸥为邻了。海鸥是随季节迁徙的，再等6~8个礼拜，它们就会自动迁出。届时那个空鸟巢就可以随时撤清了，还可以安装适当的避鸟设施，以免明年发生同样的情况。

工作人员说得简单轻快，但一两个月之内我那可怜的睡眠就无法拯救了吗？对方在电话里沉默了一阵，认真地说："我想（既然海鸥在你家消夏）你也可以外出度假一阵子吧！"一个"也"字让我对英国的动物保护真是既佩服又"绝望"。

但凌晨 4 点的 morning call（早晨叫醒）还只是小菜，真正让人头疼的是，过了没几天，出壳没多久就要学飞的小海鸥一不留神从斜屋顶上滑了下来，摔在了邻居家的草坪上。它这一摔，邻居和我们的心都沉下去了——这下麻烦大了！

按照英国的动物保护法，别说是海鸥落在你家院子里，就是它落在你的盘子上，你也得放下刀叉立地成佛呀！不仅我们动不得，看着那小鸥仔一身的婴儿肥，估计它父母也没法把它再"捎"回窝里去。也就是说，看来这只小鸥仔要在邻居家的后院里长大了！

果然，大概几分钟之后，摔得晕头转向的小鸥仔在邻居家后院歪歪扭扭地忙着找北，它的爸爸妈妈就陆续飞过来了，扑棱着翅膀落在院墙上，"嘎嘎喳喳"地叫唤，那架势基本就是："你怎么看孩子的？""什么叫我怎么看孩子的，你在哪儿啊？"随后爷爷奶奶七大姑八大姨也飞过来，"你们怎么看孩子的？""我们家的事你们瞎掺和什么？""我侄子／外甥／孙子都摔成这样了不掺和行吗？"

而你想象一下：如果你家屋顶上、后院院墙上，有一个排的海鸥群起高声号叫，那会是一种怎样的脑壳迸裂体验呀！

邻居胖 Nicky 从小就住在这里，对此倒也不是没有经验，她说这已经是第四次有小鸥仔掉到她家院子里了。事出之后，我发现胖 Nicky 每次出入她家后院都拿着把扫帚，而且扫帚毛朝上，像士兵行进中举着长矛一样，那样子滑稽极了，后来我明白了这是因为海鸥父母很有戒心，每次看见有人接近自己的小孩都会立刻低空假扑一下伴以警告式的号叫，扫帚的作用是为了防止海鸥俯冲的时候撩到自己。Nicky 主动给小海鸥提供了烤香肠、水等食物，而且，为防止引起海鸥的紧张，食物都是远远地用木棍慢慢递过去的。

可是这回，海鸥尤其具有攻击性，好几只海鸥轮流看守小海鸥。一次去后院取工具，Nicky 不幸还是被洒了一身海鸥屎。而我们每天打开窗帘，就能看见院墙上看守的"鸟叔"投到地上的阴影。那些日子连平时浑不吝的大猫"胡椒盐儿"都对我家周边望而却步。

BPCA 的人这时候一般都是没什么用的，不过他们倒是饶有兴趣地分析说，海鸥父母这次如此具有攻击性，证明掉在邻居家院子里的小海鸥应该是这对父母的头胎，没准还是家里的长孙呦！听那口气，我们似乎还应向人夸耀我们中了头彩。

对动物如此保护也就罢了，英国城市管理对植物的保护也是囧态百出。

Nicky 家后院角落里有一棵大树，树冠一半在 Nicky 家，一半在我家。但自从春天我们把后院的草坪换成了石板，这棵树就有点麻烦了，因为这棵树上有小果粒似的东西，常裹在叶子里一起掉下来，一下雨就特别容易在石板上留印，需要专业清理才能洗掉。而且这棵自 Nicky 小时候就栽下去的树长得也越发高大茂密，秋天的时候，往往仅一两周落在我家的叶子就能装满 5 个大垃圾袋，而且密集的枝干也让 Nicky 家照不进阳光了。所以我们两家都希望能把这棵树修剪一下，比如修剪一下旁枝，顺便把树的高度削下来一块，两家人的困扰就都解决啦！

两家人都商量好了，也找到了园艺工人，但园艺工人看了看树径，很负责地告诉我们，没有政府批准，不能修剪此树！我们的第一反应是：开玩笑呢吧！这树可是私人领地上的私人财产呀！

园艺工人笑着摇摇头解释说，别看我们和小城市的中心商业街只隔一条大马路，我们这个普通的居民区仍然被划为"自然保护区"。而在自然保护区里，即便是私家土地上的私家树木，只要树的直径超过7厘米，就受法律保护，任何修剪都须首先得到政府批准。这背后的逻辑是：政府得对修剪程度和对鸟、猫、狐狸，以及耗子、松鼠、蜘蛛等所有除人以外的生物生活环境的影响进行评定，如果改动内容不会对非人类的生物的"幸福感"造成太大损害，才能开工！

这让人哭笑不得的思维让我觉得英国法律压根儿就对所有人类活动存疑，人类最好就是把自己的欲望限制在市中心的商业区内，而在树和依树生存的小动物们面前，你就别指望讲什么"人权"了。英国城市管理的逻辑无疑又让我这个老外大开眼界。哎，好吧，难怪每次大猫"胡椒盐儿"来我们家后院溜达都那么得意。确实，我们家后院是我们的，也是"胡椒盐儿"的，但归根结底是"胡椒盐儿"和它的狐朋狗友们的……

以上就是我想分享的我的"英囧"经历。在英国住得越久我就越觉得，英国城市管理的宗旨根本就不是为人服务的，而是让人类少给动物和环境添麻烦。在英国十载，跟英国的动物和环保部门打过四五次交道，似乎次次被"囧"，但我却越发觉得这是英国人的可爱、可贵之处。

这一系列的"囧"事对我触动很大，因为两三年前我曾经做过一个关于国内环保组织的课题，其中环境教育被很多环保人士列为重中之重。调研时有个中年志愿者给我举了这样一个例子：有一次他问来参加活动的孩子们，树有什么作用，在场的中小学生们虽把树看作游戏玩伴，却没有一个想到树是很多鸟和虫的家，而孩子们的答案齐刷刷地是："造纸！"这位环保人士很担忧地跟我说："如果下一代看待大自然的角度全部都是其对人类有什么功用的话，那我们怎么可能有环保意识呢？"

这个例子给我的印象很深，只是我觉得光教育或许还不够。英国法规那隐含着的对人行为的质疑给我很大的启发，因为我觉得这倒不是悲观地认为人性自私，而是客观地意识到了自我的局限性。毕竟每个人的想法最初都是要从"我"的需求出发，比如我不想受蜜蜂骚扰，不要海鸥干扰我的作息，不要树叶染了我的石板，等等。法规的价值则在于它强制诱导你去习惯于从其他（动植物的）角度考虑问题，让你习惯在做出任何行动之前，也要为没有自辩能力的动植物考虑。

回到开篇说的徐峥导演的"囧"系列。网上的影迷解析说电影的名字起得也有心思，比如《泰囧》即谐音"太囧"，而《港囧》发音也很像粤语里的"咁囧"，即"这么囧"。那我的"英囧"也别有意义——"应囧"。是的，我想我们有些时候真的"应该"让自己"囧"一些。如果在自然界和那些无法与我们争辩的小动物面前，我们能"囧"一点、恭谦一点，那么我们自己的生存空间也会大一点、好一点。

体育的意义

健康才配得上人生。

我是个和体育还挺有缘分的人：小学一年级的时候，我是全校600多名学生里唯一一个被为国家排球队挖苗子的教练看中的"小豆包"。当时我并不是最高的，也没有人问我是否喜欢排球，或者是否喜欢体育，只因为我的身材比例最适合排球运动，我就被选中了。虽然我因为贪睡错过了后来在工人体育馆的体校面试，但也算和以身体条件为最重要标准的举国体制的中国体育擦肩而过。虽然我的"冠军生涯"戛然而止，但"奥运梦"可没灭。2000年悉尼奥运会的时候，我是由《北京青年报》派出的中国第一位采访奥运会的学生记者，还发回不少报道呢。

不过我的光辉历史也就止于此了。其实我是个特别没有体育天赋的人，虽然我对很多竞技项目都感兴趣，但大部分体育活动对于我来说都是眼球运动——喜欢看，但自己却玩不来。我以前也并不因此郁闷，因为别看在国内上学时被教育要"德、智、体、美、劳"全面发展，现实中这五方面的重要性分明是依次递减的嘛！体育不好，对于中国式好学生来说，只是一个瑕不掩瑜的小缺点。唯一曾让我感到有压力的，是在北京大学读临床医学的时候。在北医最痛苦的记忆不是那著名的大内科和大外科的考试，而是每学年必须要通过的 12 分钟跑。所以当我初到英国留学发现几乎所有大学里都没有"体育达标"这个概念的时候，真是长舒了一口气！

但我马上又发现英国人聊天不仅喜欢谈天气，还喜欢聊体育。这不单纯是因为英国是诸多现代体育项目的起源国，更是因为在英国，如同欧洲许多国家一样，体育简直就是生活的一部分。有一次我去杜威开会。出了火车站，跳上一辆出租车，直接驶向位于市区边缘的教学区。出租司机是个英国人，打量了我一下问："你来自中国？那你知道丁俊晖嘛？"——哈！原来是个斯诺克球迷！一路上我俩热议各式台球运动。到了开会地点，我一打开钱包：呀！居然一点现金都没带！而最近的提款机要一直开回市里才有。得知我开完会当天还要返回火车站，出租车司机立马摆摆手说："算啦，你先欠着我吧，我晚上再来接你，回到市里有取款机的时候你再一起付款吧！"我简直不敢相信自己的耳朵，当时觉得，能这么"有人缘"，还真得感谢一下丁俊晖。所以你看，在英国生活，了解一些体育和会喝啤酒是一样有用的。不过和英国人聊体育聊得多了，我发现英国人对体育的看法好像和中国人有点不同。

首先，体育不完全是为了赢，也未必一定为了"更高、更快、更强"。倒不是英国人不喜欢赢，如果你看看近两届奥运会金牌榜的话，你会发现英国这个小岛国取得的成绩真是让人侧目呢！但历史上，体育在英国一度是舒缓社会关系的重要平衡器，比如上流社会一度对体育的态度是热衷参与、甘于输球，而除此之外，球场也常常被赋予教育功能。

就拿足球这件事说吧，英格兰的足球真是英国文化的最好阐释。我是个棒球迷，对足球所知不多。不过在英国待的时间长了，每次在酒吧里听着英国佬的唏嘘，看着投影仪上的转播，耳濡目染也开始对这项运动感兴趣了。

我说英式足球彰显英国文化不仅是因为英格兰队每次亮相都派头十足，更因为英国队在场上的风格完全是英国务实主义的最好阐释：没有花哨的脚法，没有狡黠的布局，你看到的永远是直接、快节奏、拼体能的足球。曾有家英国报纸把这总结为"没有废话"的足球风格，真是再精准不过了。不过也许正因为这种"务实"的打法，在当代足球界，英国足球似乎总是尴尬地悬在那不上不下的中游位置，赢球与输球似乎都理所当然。这让英国球迷聊起自己的国家队总是有"恨铁不成钢"的感叹。

有一次我揶揄英国朋友说，或许这也是一种英国"贵族范儿"的体现呢。对我的"歪理"，英国朋友倒不介意，他说几年前大卫·温纳写的关于英国足球历史的书《那些足履》中，似乎确实是把英式球风和上流社会的教育联系在了一起。因为英国足球是19世纪由私立公学推广起来的，在这些公学里如果注重脚法细腻则有显摆之嫌，而集体协作也不是当时学校组织足球训练的主旨，其真正目的是通过在泥泞草坪上的奔跑竞技，让那些富家子弟懂得吃苦、尊重公平。虽然足球日后从公学转为大众运动，但当年那崇尚高频率跑动争球、快节奏进攻的风格似乎没变。

朋友津津乐道地向我演示，传统的英国教练会在场边不断地拍手大喊向队员施压："快！快！去抢球！去抢球！"他不无得意地总结说："'少抱怨，多努力'，你看我们英国人在球场上也是这样的！"从朋友兴奋的言语中能听得出来，他对本国足球的高度认同感倒并非仅源自战绩，更源自其映射的英国价值观。

对体育教育功能的挖掘并不止于球场。"欧洲杯"的时候，英国国家文化基金会利用学生对追踪体育赛况的兴趣，来培养学生每天阅读报纸、杂志、书籍、网络的习惯。这里有一些常规活动，比如组织每天的午餐讨论会，邀请嘉宾为孩子们讲图书和体育的故事，老师每天根据赛事创作"5分钟小说"供学生阅读。我觉得最有意思的，是一些学校举办的各种"足球阅读比赛"，看谁读的书多，平局的情况由罚点球来决胜负，让那些小淘气们铆足了劲儿读书，铆足了力气起脚射门。我还挺佩服英国人寓教于乐的本事。

其次，和很多欧美国家一样，体育在英国的社会功能并不局限于国际赛事，而更是一种生活方式。就拿最简单的长跑运动为例。以前我一直觉得喜欢长跑的人都是怪物。绝大多数在公共场合出现的跑步者既没有身着紧身衣的自行车手的性感，也没有足球小子或网球美女的帅气。在国外旅游时偶尔撞见跑步上下班的人，一般都因背着跑步包而呈"五花大绑"状，偶尔遇到肺功能不太好的，"呼哧呼哧"，简直就是让人提心吊胆的大风箱。但即便在没有体育达标压力的象牙塔，长跑仍有相当重要的地位。尤其每逢英国癌症研究会等机构组织的和健康有关的公益长跑，学校邮箱里更是塞满了各种报名或募捐邮件，学生、教授都喜欢参与，甚至连酒吧的厕所里也会贴上相关广告。比如5月一整月，英国仅英格兰地区就有170多项长跑活动！有庆祝"五月节"的铁人三项，有为患者募捐的慈善跑，有促进全球儿童福利的公益跑，还有退伍军人团体组织的以电影《星球大战》为主题的趣味长跑。总之，看似单调的跑步，其实有着丰富的社会功能。

从两三年前开始，我也慢慢喜欢上了跑步，也成了"怪物"中的一员。不过英格兰雨水较多，大部分时间我是在跑步机上跑，其滑稽的景况请参见被放在奔跑轮上的小白鼠。让我改变对体育锻炼态度的原因之一是我的建筑师朋友移居欧洲后的一个理论，她说欧洲人自信并非完全因为他们从小被鼓励畅所欲言，而是因为他们普遍爱运动，他们所表现出的自信是对其肢体控制自如的满足感的自然流露。

虽无法用科学证明，但我觉得朋友的理论颇有道理。体育的意义，并非一定为了金牌，甚至未必一定是为了竞技比拼，更是一种自身修养。国内近几年对体育和体育在中国社会中的功能有很多反思，有人说以培养夺取国际金牌为主要目的的精英模式未必是让中国成为体育强国的最好方式，真正的"举国体制"也许需要将同样的资金投入到增加社区体育设施、让体育回归大众上。也有人提出，除了体育培训，也许需要关注青少年的兴趣爱好，而非单纯对拼抢精神的培养。这点其实挺重要的，因为体育是有玩的成分在里面的，比如英文里比赛常被称为"game"（游戏），打球称为"play"（玩）。在英美社会和心理研究领域里，"玩"很重要，或许从某种意义上讲比"学"还要重要。因为情感控制、社交能力、性格弹性等人格特质其实都是在孩子和小伙伴们的"游戏"互动中塑造的。总之，套用一句我们更为熟悉的"喜欢音乐的没有坏小孩"这句话，喜欢体育的也没有坏小孩。其实国内对于运动的看法近几年来也有很大变化，这也使得民间自发的各种长跑活动逐渐成为北京、上海等大城市的年轻人健身、交友的一大媒介。

美国著名长跑运动员史蒂夫·普雷方丹把跑步比作艺术，他说别人喜欢将创造性付诸文字、音乐或笔端，"但我则付诸我的步伐，我喜欢使旁人驻足感叹：'我从来没见过如此的奔跑！'"现实里这句话常引起我各种非文艺的联想，健美的人跑步如巴斯光年（电影《玩具总动员》的主角之一），肥壮的人跑步如毛怪苏利文（电影《怪物公司》的主人公），高挑的人让我想起电影《小鸡快跑》。最近美国伊利诺伊州的科学家对奔跑轮上的小白鼠和玩玩具的白鼠做了多组对照，确认跑步是益智的最主要因素。所以你是哪种"怪物"不重要，重要的是你在奔跑。我很喜欢英国一家健身中心的广告语，它囊括了体育最重要的意义：Life，be fit for it！（健康才配得上人生！）

较真的民族

难怪英国人会被称赞生活考究，因为他们对每一个生活细节都愿意探究明白。

有时候我会和别人开玩笑说，英国人是个对公众话题充满想象力的民族。任何一件芝麻大的事情都可能被英国人有板有眼地搬上报端、屏幕，并不苟言笑地分析出层层道理和种种视角。

比如说2015年英国新上任的英国学校纪律顾问在《星期日泰晤士报》上发表了一篇短文，引起英国教育界热烈地争辩一个看起来匪夷所思的问题：中小学生课堂发言是否应该先举手？第一次听到这个话题时，我心想：上课举手发言不是天经地义的吗？不过在英国，对这个问题的态度一直呈两派，而且两派还都有一套套的理论。有的学校沿用传统教学方式，至少原则上是要求学生课堂发言须先举手，而另一部分学校是明令禁止老师要求学生举手发言的，因为认为这会阻碍学生的自由表达，破坏学习气氛。

貌似简单的举手发言问题，当被提到老幼尊卑及自由民主的高度上，一下子也就成了值得仔细推敲的事情。英国学校纪律顾问的那篇文章是呼吁在英国重新推行"举手制"的，其最有力的论据是每况愈下的课堂秩序。在散漫的气氛里如何进行严肃的学习呢？而且，从小培养孩子在公共场合发言的必要礼貌，让他们有维护公共秩序的意识，不也是学校教育的目的之一吗？这其实有些道理，因为我发现过一个有趣的现象：大学讨论课上从不需要学生举手，但偶尔讨论激烈到已互相淹没对方声音的时候，我的学生们会忽然像个小学生一样，高高地举手，等我点名发言，用秩序结束一场混战。

但在不赞成"举手制"的教育人士看来，纪律和效率未必一定相关，倒是事关教育公平的大事。因为老师总会不由自主地和敢于举手的学生有更多交流，这不仅意味着天生内向的学生会被相对忽视，而且也会影响教学的整体效果，因为老师对推进课程快慢的判断，往往来自于学生发言的反馈。如果课堂讨论是跟着部分思维较快并积极参与的学生的学习节奏进行的话，那自然有些学生会被落在后面，你说这不是不公平吗？

你可不要以为激起这番讨论是英国学校纪律顾问新官上任的新奇之想。我这个老外好奇地顺藤摸瓜地查了查，原来这个争论早已有之，而且英国学校在过去10年已经开发了很多替代"举手制"的课堂互动方式来解决这个问题。最有名的是"棒棒糖方法"，即当老师提出一个问题之后，会伸手从一筐写有学生名字的棒棒糖中随机抽取一位作答。这种"随机制"理论上可以解决传统课堂的不公平问题，也会激励学生专心听讲，因为谁也不知道下一个棒棒糖上是不是就写着自己的名字。而更激进的看法则认为压根儿应该禁止举手回答问题，因为几年前英国对 13 岁的学生的研究发现，如果废除"举手制"，而要求每个学生把自己的答案写在纸上，全班同时"亮答题板"的方式，学生的学习效率会是传统模式的两倍。

不过有的学者又会提醒说，以前受访的中小学生曾表示，他们常常是通过同学的举手发言，才意识到原来学伴们都很聪明，并对自己的同学产生亲切感。而且并不是每次发言的学生都会提供正确答案，当学生意识到公开出错也是被允许的时候，可能会有助于害羞的孩子参与课堂讨论。所以从群体学习与培养学生社会性的角度讲，举手发言又是一个好机制。

作为一个老外，我对这场讨论的总结是：争来辩去，各有利弊，一会儿提倡举手发言一会儿又鼓励课堂自由，不过"三十年河东三十年河西"罢了。但英国人的逻辑似乎是：恰恰是因为各有利弊，所以才更有必要时不时把双方的意见都重新拿出来看看，对当下的机制提个醒，以避免过于偏向某个方向。

难怪英国人会被称赞生活考究，因为他们好像个个都活得特别认真，对每一个生活细节都愿意探究明白。佩服之余，有时我也暗自偷笑英国人活得也够累的。举个例子，据说英国是对医学晋升标准比较严的国家之一。2015 年初，对医生培训结构的一项独立审查建议，应该考虑缩短医生的培训时间。目前医学院的学生毕业后从初级医生做到顾问医生大概需要再接受 10 年的继续教育，这项研究的结论是：应缩减对继续教育时长的要求，把 10 年的培训降为 8 年。用网络上的时髦话讲，这应该是个"喜大普奔"的消息，不过不仅英国医师协会抗议，连初级医生团体也对此表示不满，因为他们认为减少培训年头就相当于把尚未准备好的医生仓促推上更高的岗位，这不利于患者的康健，有悖于他们的职业操守。简单地说，英国医学界集体反对这个给他们"减负"的主张，而较真地认为，只有踏踏实实的培训才能锻造出合格的医生。听着BBC广播里的抗议，我不由暗自赞叹，英国的医生才是真正的学霸呀！

除了新闻里的谈资，现实生活中，英国人的谨慎认真也会让人抓狂。比如读博士期间我回国调研，学校出于对每一个学生科研安全负责，规定就算是回到比伦敦还要熟悉的老家，也要填写十几页密密麻麻的风险评估表格备案，不然学校可不同意出发哦。再比如圣诞节，我把学生寄来的贺卡贴到办公室门上，却把校园物业搞得很紧张，他们急急找来说，按当地规定，未经塑封的纸张贴在公共楼道里可是火灾隐患哪！

英国人的较真劲儿也能促成很多让英国骄傲的文化现象。就拿逛博物馆这件风雅事举例吧。众所周知，英国绝大部分博物馆都是免费的。记得几年前伦敦形象宣传海报上常出现的一句宣传语就是："免费的伦敦"，即伦敦几大世界知名的博物馆都是免费对公众开放的。虽然我的不少朋友进博物馆还是会向捐赠箱投几英镑，相当于购票，但少了买票检票的程序，心理上博物馆的门槛自然就降了下来。另外，英国博物馆几乎很少需要排队，所以博物馆就成了休闲会友的好地方。英国有调查显示：除了电影院和图书馆之外，看展览是英国人最热衷的文化休闲活动，近一半的英国成年人每年都至少去一次博物馆。

因其开放又方便，在我搬来英国后，很快逛博物馆这件事也就悄无声息地进入了我的生活。英国的博物馆还有一个特点，即9~99岁的人参与度都特别高，不论是游客众多的大英博物馆还是地方的专题展馆，我每次去博物馆几乎都能看到有很多中小学生在参观，带队的老师要么让学生自己结成小组在博物馆里寻找问卷的答案，要么组织学生集体席地而坐对展品逐一讲解。展馆里不管是管理员还是其他参观者，似乎都对此习以为常。每每看到这些少年可以把博物馆当课堂，我真是有些嫉妒咧！

　　这件事和英国人的较真有什么关系呢？我一直以为这类课外活动是"欧洲"的传统，后来我才知道，至少在英国，这其实是20世纪90年代以来才出现的变化。听英国朋友说，以前英国的博物馆也曾自诩为"殿堂文化"，并不热衷于公众文化推广。但1989年，英国成为联合国《儿童权利公约》的签署国之一，这份公约在有关青少年的各项权益的条款中指出，应该保护儿童参与社会文化和艺术的自由。英国博物馆界的人士，如泰特美术馆的馆长塞罗塔爵士就认为，英国政府既然签署了这份公约，就要履行其内容。这份公约里有条款说青少年有参与文化的自由，那你就得保障这份自由。怎么保障呢？博物馆这类公共文化场所就有义务加设少儿版解说词，使博物馆符合青少年的口味，为少儿设计活动，让天真的孩童能和成年人一样领会到博物馆的乐趣。

　　关于英国人的"认真"还有一个有趣的例子。我很喜欢BBC第四广播电台的一档访谈节目，叫《孤岛乐碟》，这个节目每期采访一位名人，并假设这位名人将被放逐到一个荒无人烟的小岛上，被放逐的人只允许带8首乐曲的光盘，并在《圣经》和《莎士比亚全集》之外可以再带一本书，及选择一样奢侈品。采访内容即围绕这几个选择，从中可以了解到受访人的很多经历。这是一档相当受欢迎的周日午间节目，不仅可以跟随受访人的人生经历听到不同时代的音乐，还可以了解名人逸事。而奢侈品的选择往往是受访人最在意的器具或者物品。有一次采访的是英国当代艺术家达明·赫斯特，当问到他会选择什么奢侈品的时候，他说最开始他想带弗朗西斯·培根的油画上岛的，这样他就有充分的时间琢磨培根的天才笔触，但是后来考虑到小岛的潮湿水汽不适合油画的保存，所以退而求其次，他决定选择一个用比较适合海边气候材质做的雕塑。哈！即便是在"被放逐"的时候，还要考虑到艺术品保护的问题！你说英国人是不是认真得近乎偏执？

　　体会"英式小题大做"越久，我越觉得并不能简单地把英国人的这种思维模式归纳为我们常讲的西方人的"天真"，或者是教条。英国人认真的背后，其实是一种自重。这种自重表现在对"言必信，行必果"的尊重，对自己与行业和社会间的契约的尊重，以及对辨析优劣对错的执着。

圣诞记忆

过节，就是一家人在一起开启一年耐心而有爱的生活。

中国人过春节，西方人过圣诞。在年末的聚会上，朋友们聊起圣诞计划。安迪说，今年圣诞节前，他照例帮助小儿子把给圣诞老人的信工整地折好，然后投进燃烧的壁炉里，以便圣诞老人及时收到这封心愿单（当然，安迪说投入壁炉之前他会偷偷地迅速扫一遍内容，这自然是"协助"圣诞老人工作的最关键环节）。安迪的长子也相当配合，从不向弟弟戳穿圣诞礼物的真正来源。今年对于安迪一家还有个特殊的意义，即这是他家为小儿子维护圣诞传说的最后一年，因为他家的传统是 10 岁以上就该是个从童话里走出来的大孩子了，明年的圣诞可就没有这些小孩子的程序喽！

那天的聚会里都是学术人，因此安迪的"家规"自然引起了大家辩论的兴趣。因为如何向小孩子解释圣诞老人，在西方可一直是个有争议的话题。有些心理学家赞成让小孩子相信礼物是一个身宽体胖的老爷爷从烟囱里送来的，因为这种成人参与的情景虚构有助于拓展儿童的想象力。有些心理学家则反对，认为这是一种欺骗，当最终家长告诉小孩子真相的时候，有可能伤害亲子信任关系。但有些神经学家则认为这种担心是多余的，因为特定氛围、故事和经历的组合只会帮助强化美好记忆。况且，其实很多孩子都无须家长告知，而会在成长中自己慢慢发现并接受圣诞老人的真相。

对于这点，汉娜倒是很赞同，她说其实自己很小很小的时候就知道圣诞老人不是真的了。不过她每年圣诞夜依旧会睡前在壁炉前准备好犒劳圣诞老人的小饼干、牛奶，在床头挂好圣诞袜。她这样"装傻"到初中，直到再装下去连她的小伙伴们都会怀疑她智商有问题时才作罢。至于原因，汉娜笑着说："因为小时候的我总担心万一父母发现我已经是个看穿圣诞老人传说的'大孩子'之后，就不再给我买圣诞礼物了。"哈！看来大人有大人关于童稚的想象，而孩子也有孩子的小算盘。

关于圣诞老人的想象也需要与时俱进，比如传统中圣诞老人都是圣诞节前夜从烟囱爬进屋子里放礼物的，可是传统壁炉占地方不说，取暖效率低，又难清理，所以越来越多的家庭选择封掉烟囱，依赖电或天然气供暖。绝大多数的英国房子的烟囱其实都是摆设。烟囱被封掉了，又怎样延续孩子们关于圣诞老人派送礼物的想象呢？聪明的商家马上想到了答案，"研发"了给圣诞老人的万能钥匙。其实就是一把有着圣诞老人头像的老式长钥匙，钥匙上还附着一张卡片，上面写着："圣诞老人，我家烟囱被封了，现在给你这副能开启我家大门的钥匙以方便出入，但用完记得要还哦！"

发现圣诞老人真相的过程也有戏剧化的例子。我先生小巴说，作为家里最小的孩子，他也一度是家里唯一一个坚信圣诞老人会每年定时驾着雪橇挨家挨户送礼物的家伙。和安迪的长子一样，小巴的哥哥姐姐也乐于维护弟弟关于节日的想象。因此每年圣诞夜当小巴拖着毛绒玩具爬上床的时候，年长小巴9岁的哥哥便会溜到门外搭起梯子爬上房，专门在小巴卧房上方的屋顶上脚步沉重地走上几个来回。每年这个时候，屋顶下面蜷在被窝里的小巴都会惊奇又兴奋地想："哇！圣诞老人真的来啦！"但有一年圣诞节前下了雪，接着又出了太阳，雪化后结冰的屋顶要比看起来滑很多，小巴的哥哥就在按惯例踩屋顶的过程中一下子从房顶上摔落在楼下的积雪里，忍不住"哎哟"大叫。声音传进卧房，小巴还颇有些惊讶："圣诞老人叫起来的声音和我哥哥的好像！"直到第二天早饭时，看到脑袋上顶着个大创可贴的哥哥，和其他兄弟姐妹的嬉笑，小巴才恍然大悟："圣诞老人"每年还真不容易呀！

给我印象最深的圣诞节是2010年。那年12月中旬的时候，我和好友齐凯拉正在西西里岛的首府巴勒莫（Palermo）联袂举办影像绘画展——《长椅与颜色》。这个联展我俩酝酿已久，但说起来我这个朋友着实厉害，一面应付她的职业经理人的工作，一面找场地、拉赞助、出海报，还做出了1000份纪念小册子，让我既感动又佩服。当我拉着拉杆箱走出巴勒莫机场的时候，齐凯拉比我还激动，迎上来左亲一下右亲一下，说："天哪，你终于来了。我就怕你年底事情多，不过来了，我会很没面子啊。"我说："哈哈，不会吧？你是这次展览的主角啊。"齐凯拉说："得了吧，你才是主角呢。全展厅就等着看'从伦敦飞来的中国摄影师'哪！"看来"外来的和尚会念经"真是通行全世界的道理！记得开展的时候让我用意大利语说句话，齐凯拉开始在后台一直纠正我的口音，旁边的人却提醒说："别纠正了，太流利了不好，有口音才显得优雅，就要有口音。"

展览时间临近圣诞，齐凯拉一大家族的亲戚都从意大利的各个角落聚集到西西里，准备一起庆新年。借着齐凯拉的广告，齐凯拉的姑妈也对我这个老外产生了极大兴趣，邀请我一起参加周末的家族聚餐。我知道有宗教传统的意大利人格外重视圣诞节，家族聚餐听起来很隆重，让我有点不知所措。齐凯拉忙解释说晚餐会很随意，她笑称这是她家的"圣诞大餐预案工作餐"，我到了就知道了。听说齐凯拉那和蔼可亲的父母也从米兰飞到了西西里，我心里也有了点底。我们曾经在伦敦见过几次，至少那晚上不会是一屋子陌生人。

我端上一盆圣诞红作为礼物如约来到齐凯拉姑姑家——哇！整个厅堂摆了大概有两三百套圣诞主题的大小模型，泥塑的、瓷膏的、布衣的、玻璃的、石雕的、水晶的、沙质的。整个屋子就像个迷你雕塑乐园。这是齐凯拉的姑父几十年来从世界各地搜集来的。每年我在家光装饰一棵圣诞树就已然觉得工程浩大，安置打扫这么多模型得费多大工夫啊！你瞧，我说意大利人对过节尤为有热情吧！再次见到齐凯拉的父母很亲切，不过我好奇齐凯拉一家为什么要大老远飞回冬季气温也能达到二十六七度的西西里过圣诞，这不是很没有圣诞气氛么？祖籍为西西里的齐凯拉爸爸反而觉得我的问题很奇怪，他说："当然要飞回来啦！米兰那么多雪怎么过圣诞呀！"看来所谓的"节日气氛"也是见仁见智，都深深嵌合于每个人的成长记忆里。

晚餐是半自助式的，西西里人和中国人有一点很像，就是即便是自助餐，若家中的长者不动筷，大家也不得造次。直到齐凯拉的奶奶颤颤巍巍地在一长桌的美味面前不慌不忙地拣了一盘食物，并微微向大家点个头，示意"各位开动吧"，一家人才聚到桌旁，各自取了食物围坐一堂。席间只听嘀里嘟噜的意大利语在屋子里飞速交换，辅之以各种表现力极强的手势比画，屋子里情绪高昂、讨论热烈：今年大餐在谁家举行？谁来掌勺？各家应该出什么原料？轮到家里哪位男子当圣诞老人？礼物怎么集中？如何区别？哈，真是个"预案工作餐"！旁观者看着都觉得开心热闹。

写到这里，我不由得想感叹一下。我小时候记忆中的春节也是这样的：一大家族的人簇拥在奶奶那两室一厅的屋檐下，小辈们见面忙着吵架斗嘴，大人们忙着侃大山，笑声一波盖过一波。但后来我们都长大了，忙着考学，忙着升职，忙着自我拓展，全家在一起的时光似乎变成了最没营养的事情，春节长假也成了每年出游的期盼。我们都忙着去看世界了，那一屋子的温馨热闹成了旅游手册上的西洋景。

虽然都是圣诞节，但各国习惯的庆祝方法可不一样。单从食品上来讲，美国人感恩节吃的火鸡则是欧洲人圣诞节餐桌上的主菜。美味的潘纳通松糕是意大利的传统美食，蜂蜜马卡龙和十字裂纹面包是希腊风格，英国的水果果仁圣诞布丁则是我认为世界上味道最为诡异的点心。作为美国人，我先生小巴家里向来会在圣诞节早上拆礼物、吃丰盛的早餐，伴之以加兑橘子汁的香槟。我的法国同事听了之后很是惊诧，不住地摇头。对于法国人来说，美国人简直既不尊重香槟，也不尊重橘子汁。他说"正确的"（也就是法国式的）饮法应该是香槟兑之以黑加仑果酒。同事还向我澄清，法国人并非像英国一些图书上描述的那样，圣诞节前夜基本就结束了所有庆祝活动，其实圣诞节当天的午餐也是个重头戏：烤火鸡、鲜牡蛎、扇贝、鹅肝酱、树根蛋糕。同事说完，觉得这还不足以表现法国的饮食文化，又解释了一句："节日期间聚餐太多了，所以这个午餐倒也并非很丰盛。"其实我一听这套午餐就很有吃健胃消食片的冲动。

相比之下，我还是更喜欢意大利人的过年方式，因为他们和部分欧洲国家一样会在每年的1月6日庆祝主显节。不同的是，在意大利的习俗里，这一天会有个像圣诞老人一样的"波法纳老奶奶"骑着扫把再给小孩子发放一次礼物：乖孩子得到彩色糖果，坏孩子得到黑色糖果，而每家每户都为老奶奶在门外准备一小杯葡萄酒。主显节过了，整个跨年庆祝活动才算结束。当第二天早上意大利孩子含着甜丝丝的糖果开始新一年的快乐的时候，头天晚上喝下这一路小酒的"波法纳老奶奶"，应该正好微醺着飞回家，准备美美地睡上一觉呢吧！

而在英国待的时间越长，越发现大小商家才是英国圣诞传统的主角。这里说的可不是简单的商场打折，而是各大百货公司会推出各种特定的文化活动。商家之间似乎又形成了某种默契，划好了界限，每个商家绑定某一项圣诞活动，虽然内容年年不同，形式却一样，每年如约而至，好似各个商家的"春晚"。

比如百货商店 John Lewis 每年都会推出一个温情的圣诞购物广告。2013年是一个关于熊和兔子的故事：每年当冬天来临的时候，熊都要暂时告别好朋友兔子独自去冬眠。而兔子想念有朋友陪伴的温暖时光，因此他决定送给熊一份从未收到过的圣诞礼物——一只闹钟。闹钟在圣诞节的时候准时把熊唤醒，两个好伙伴终于可以一起分享圣诞节的快乐。2013年是关于友情，2014则是关于亲情与爱情：小男孩 Sam 和宠物企鹅 Monty 平时分享各种喜悦，直到有一天 Sam 发现 Monty 因为没有伴侣而孤独伤感，他决定在圣诞节那天给 Monty 一个惊喜。关注完我们内心中那些孩子般的挂念，2015年商家的圣诞广告又将镜头转向我们每个人都会面临的衰老和孤独：一个小女孩通过望远镜发现月球上有个孤寡老人，于是在圣诞节时给他送去一个望远镜，老人通过长长的镜筒，看到了远在地球上的那个小女孩开心地向他挥手。无论相隔多远，只要相互关心问候，就会给生活带来笑容。

John Lewis 真不愧是"全球最会做广告的百货公司"，每年的圣诞广告其实都重复着同一个简单的主旨："爱是最好的礼物"，但却让人年年期待。我的一个英国同事半开玩笑地说，每年他老婆对着这家百货公司的圣诞电视广告哭一鼻子已经成为他家的"圣诞传统"了。而另一个同事则说，别看这几年为了促进消费，商家每年都将圣诞商品上架的时间往前提，在很多人的潜意识里，每年要等到 John Lewis 的广告播出，圣诞庆祝的帷幕才算正式拉开！

而对于生活在英格兰北部的人来说，纽卡斯尔市中心的 Fenwick 百货公司的圣诞故事橱窗展才是每年的重头戏。每年那 8 大扇橱窗就是一部制作精美的机械玩偶的"连环画"，自动循环演出，配合以轻快的音效。"爱丽丝梦游仙境"，或是格林童话里的"小红帽"与"汉赛尔与格莱特"，或是圣诞老人的"驯鹿特快专递"，故事内容年年不同。

别看现在手机和平板电脑的普及让人们生活中随时充斥着各种高科技的视觉特效，但对于英格兰北部的人来说，任何电影特效仍然比不上 Fenwick 这个精致而又老式的橱窗展。每年 Fenwick 会在 11 月底的某个周五揭幕其圣诞橱窗展，一般揭幕时间是下午 5 点，而从下午 4 点开始，商场前的步行街上就逐渐有很多推着儿童车的英国家庭在那里守候了，其隆重程度可见一斑。我的朋友告诉我，因为从他小时候的 20 世纪 70 年代开始，他的父母每年都会带他去看圣诞橱窗，现在他又带着他的小女儿来看，这个橱窗展已远远超出了所谓的商业促销的范畴，它已经成为英国北部社会的传统活动之一。最让我惊讶的是虽然是免费展示的商业橱窗，但每一年英国人都会自动地排成长队，有序地从第一个橱窗不慌不忙地看下来。每个玩偶的工艺、设计师的每一个小心机、配乐的优劣都是一家老小的谈资。8 个橱窗，听说一般英国家庭看下来要 40 分钟呢。布展的人做得仔细，看展的人欣赏得认真，那浓浓的节日气氛就这样稳稳地沁入每个人的好情绪里。

在这个四通八达、物质富足的年代，有时候似乎节日是什么，或者过节又是为了什么会变得有些模糊。我想，节日依然是里程碑一样的温馨快乐记忆的浓缩体。过节最大的功能还是给我们提供放松释怀、调整生息的机会。如果说英国大百货公司的这些为招揽生意而"投其所好"的商业活动反映了某些社会价值观的话，或许有些夸张；但这些圣诞活动温厚、细致又有趣，它们之所以能被接纳为"传统"，或许是因为它们能体谅英国人一年的忙碌与期待，为他们开启新一年有爱的生活。

巴黎印象

英国和法国历史上就是一对欢喜冤家。久居英吉利海峡北岸，忽然搬到南岸，显得格外有趣。

对于所有学术人来说，不管你有多棒，在没有取得"终身职"之前，你在学术界能走多远都是一场赌博。在我博士毕业并且结束了为伦敦皇家学会做的一个短期项目之后，我也经历过两三个月没着没落的失业期。记得那时我正受欧洲社会学联合会前主席索以索斯的邀请，在香港参加一个关于东亚公民社会的国际会议。在做报告的与会学者里面，我是年资最浅的，不过我的会议发言相当成功。晚宴的时候，欧洲和北美的几个前辈纷纷夸赞我是学界的"新鲜血液"，我打趣说："我哪里是新鲜血液呀，我是新鲜失业！"可不是嘛，那天恰好是我英国工作合同到期，即失业的第一天。当然，我对自己的研究还是有十足底气的，但下一个职位是什么，会在哪里，会什么时候出现，再自信的人心里都不会有底。

幸运的是，几周之后，法国人文之家基金会的主人，米歇尔·魏维嘉（Michel Wieviorka）邀我加入他在巴黎新成立的"全球研究所"，并在法国高等社会学研究院继续做我的"世界主义与科技发展"的实证研究。对这个邀约，我开始还稍有迟疑。和在纽卡斯尔执教的先生小巴将分居英吉利海峡两边还算事小，因为欧洲的廉价城际航空很方便，很多学术人都过着空中飞人的生活，最重要的是，我的法语还停留在小时候在加州中学里学的"棒猪"（bonjour）、"飒驴"（salut）那几句问候语的阶段，独立在巴黎生活的挑战不小。

但巴黎又是一个让我充满想象的城市。我去过巴黎很多次，不过每次不是开会短暂停留就是在旅游区当观光客，尚且无缘体会海明威在自传体小说《流动的盛宴》里描述的他在二十多岁旅居巴黎期间在巴黎的咖啡馆里和作家菲茨杰拉德、乔伊斯、庞德等相会的盛况。想到有机会继续主持自己的项目，而且我已在英国的酒馆（pub）里泡了六七年，如果能再去巴黎的咖啡馆里"熏陶熏陶"，岂不是人生美事！

我的巴黎探险记也就此拉开了帷幕。一直生活在英国，让去巴黎工作这件事也显得格外有趣，因为英国和法国算是一对欢喜冤家：这两个国家虽然常常羡慕赞美对方的文化，但表面上又互相看不起，编制了很多嘲笑对方的段子。比如英国人痛恨莫名缺席，就管它叫 French leave（法式缺席）；法国人厌恶无故翘班，管它叫 filer à l'anglaise（英式消失）。

搬去巴黎之前，我是不怎么怵的，因为在欧洲各国开会、旅游很多次了，自以为是个还算熟悉欧洲城市大致规则的"老江湖"，应该没什么问题。尤其米歇尔之前在电邮里跟我说不必为法语担心，我可以继续用英文做研究，且研究所里大家都会说英语。我在英国的每一个法国朋友都信誓旦旦地跟我打保票说，英语在法国大学区里绝对行得通。所以我总觉得，至少咱还有一口流利的英语，应该没什么问题。但我的巴黎第一课便是："流利的"英语才绝对是个问题！因为即便高校里的年轻学秘，也常英语水平有限，除了少数有年资的研究员和教授英语流利，英语在法国真的行不通。你要说得很简单、很慢、很清晰，对方也听得很认真、很努力、很投入，才可能进行简单交流，几句下来双方都大汗淋漓。

但语言障碍并不表示法国人不会热心帮助你。巴黎的岔道口特别多，有一次我在拜访一位科技社会学家的路上迷路了，路上迎来一个30来岁的女士，那时我还挺怵在公众场合说法语的（现在依然很怵），就用英语问她某某广场怎么走。那位女士特别热心地给我讲解。事后回想起来，她大概是想告诉我：一会儿有两个向左拐的路，你不要选择最左边的，选择次左边的就对了。但是她英语也不很好，所以在她英法杂糅的表达中，我只听见她说："...left...left...left...（向左，向左，向左）。"

当我的手指按照她的描述在地图上寻找路线，结果画了一个方框又回到了原点，我俩都是一脸苦笑。这让我想起来，每次我跟要去中国旅游的欧美朋友说，北京大马路上会说英语的人多了去了，小巴都会不顾我的怒目注视，跟别的老外纠正说："其实大街上碰到的基本上都不太会英语……"到了巴黎我忽然有点理解小巴了，大概一个国家的外语水平，还得由"老外"来评定才准确。

当然我敢打保票，只会说法语的人在伦敦的境遇肯定更糟糕。每年初秋的时候，法国报纸上的学英语的广告都特别多，我总觉得这一定是因为夏天出国旅游的法国佬们多少都受了点"刺激"回来，所以那段时间对"昂个来"（英语）的学习热情都特别高。

有一种对法国人不说英语的常见解释是法国人特别以法语为傲，所以有时候即便对方会说英语也故意不跟你说。我也遇到过这样的情况。不过巴黎人也没有传说中那么傲慢固执。其实如果在张口说英语之前，你能说上几句法语，哪怕很烂很烂，但表示你"努力了"，大部分法国人还是不太介意和你用英语交谈的。

不过新到一个国家，抛开融入当地文化不谈，我觉得努力讲当地的语言是一种基本的礼貌。比如，我会有意识地纠正自己把随口的"yes"转换为法语的"威"（oui）；而且"OK"也显得突兀，替换成法国人习惯的"打嗑"（d'aacord）。除了每天"打嗑""打嗑"之外，相对于英语口语里用来承垫句子空隙的"well"，也得变成法语的"阿摆呵"（allor）。但是因为我的法语极其不流畅，所以那段时间你会听到我每天这么"摆"得格外多。

学习语言也是一件乐趣。比如我喜欢头天晚上在书上找出几种法国食品，然后早上跑到餐厅"抑扬顿挫"地照单点菜，今天是黄油面包片，明天是巧克力夹心热面包，后天换成果酱面包，看看书上的音标是不是真的能换来这些好吃的，那种感觉很像"兑奖券"。

在巴黎安置下来之后，我也开始尽情享受巴黎的学术风景，逐个探访这个城市的几个"学术景点"，从各式博物馆到名人故居。巴黎很快就把我给收买了。每次坐在拉丁区那个海明威曾经常出入的双叟咖啡馆打望这座城市的时候，我都会感慨法国人还真是时髦浪漫。巴黎街头抽烟的比伦敦少很多，但拥吻的比伦敦多很多。而且法国人男女老少都那么漂亮高挑，和躲在高领风衣里及呢绒帽子下的英国人形成鲜明的对比。有的时候我会觉得随便一个街头走过的老爷子，或许他只是个渔夫，但一身精心搭配的衬衣西装外加领口扎的方巾，看起来都文艺气十足，散发着教授气质。这不由得让我回想起以前在伦敦，每天早上从拥挤的 Holborn 地铁站里爬出来的 LSE 的大牌教授们，每一个都穿着色泽灰暗的"工作服"，领口貌似极不情愿地拴着爷爷辈的宽肥而且不搭调的领带，肩上还背着鼓鼓囊囊的双肩背包，看起来好似出海归来的渔夫！哎，你唯一能为其开脱的就只剩下"英国人低调"这句话了！

巴黎的"浪漫主义"其实从巴黎的地图也能体现出来：小街小巷，"点到为止"，和实地情况不符实属正常；而且市中心的地铁站标示也需要一些发散思维，有几个站台虽然没有标示，但因为地理位置比较近，其实是相通的，所以你以为自己从 A 站下车却从 B 站出口出来，也不要窃喜自己拥有了空间转移术。

不过我也有我的办法：每次出门之前，必先用谷歌街景（street view）把要去的地方在互联网上模拟"走"一圈，即便出现地图不靠谱的情况，哎，这个餐馆网上见过，那个招牌看过，差不多也就能找到自己的路了。就这样，到巴黎没两周，外出开会时我的同事们都惊叹于我这个连法语都说不利落的家伙，穿街走巷却像个"老巴黎"！

对于一个不会法语的家伙来说，头号目标是巴黎最著名的英语书店：莎士比亚公司（Shakespeare & Co.）。这家和巴黎圣母院隔岸相望的书店，其口碑很大程度上得益于其曾经向海明威等文艺青年提供住宿和交流场所。一直听人说这是巴黎最"大"的英文书店，因此，尽管我知道英语书店在法国不可能多么有排场，但当我来到这家书店门口时还是对它的"小"吃了一惊。

这是一个两层小楼，外面书架上全是二手书，感觉很像伦敦大英博物馆对面的那几家小型的旧书店。走到里面去，中央是只能容纳一个人转身的收银台，在满屋直达屋顶的书架和书堆之间，是弯弯曲曲的通道。书的种类和品位倒是不俗，流行也经典，走进书店不到 10步，我的手上就已经多了一本英法对照版的米歇尔·乌洛贝克（Michel Houellebecq）的早年诗集。

对于已经对伦敦书店习以为常的我来说，莎士比亚书店很精致，货品却不算丰富。确切地说，貌似店主并不太在意存书量，因为你如果沿着极窄的楼梯爬上二楼，首先就会看见一对占地的沙发椅，一只让你不知所措的直立阅读架，回头看，靠墙而立的是一个有四个柱子的大儿童床，里面贴满了各种留言小条。再往里走，挤在满墙图书中间的，竟然还有一张长沙发椅，窗台上是花草和刻意摆放的几本书，一台旧的打字机上面还卷好了白纸，但上面已经画满了一些好玩的涂鸦。

站在那些图书和摆设的中间，你能清晰地听到楼下收银结账的声音。我不禁觉得很好玩：这样的地方要是在伦敦，八成是某某故居博物馆；要是在北京，估计会加几把椅子变成主题茶餐厅；要是在美国，估计这样的场景会出现在迪士尼乐园里那种角色扮演的小店里。哈！可在巴黎市中心，这却是一家营业的严肃书店。

所谓严肃，理由之一是这家书店拥有著名的从不按期发行的《巴黎杂志》，又被誉为"穷人的《巴黎书评》"。确切地说，我买到的2011 年 6 月份发行的这本杂志是自 1967 年创刊以来的第四期，而第三期是 1989 年的事情了。从书店出来，在路边的咖啡馆打开这本传奇出版物，里面有这么一段话：

"如果你把自己当一部小说而非一个事实来读，那你就对自己更有掌控能力。因为人对事实，尤其是有关自己的事实，理解总是片面的，甚至是偏执的。但如果我们是自己所要讲述的那个故事，我们随时可以增改情节。"

法式浪漫的"愁"与美

别看法国人看似生活散漫无际，但里面有一种难得的洒脱与真挚。

这篇短文需要采取先抑后扬的写作手法。在实际生活中，一个老外在巴黎生活，可能首先接触到的所谓"浪漫"都挺愁人的，因为它根本就是松懈、散漫的另一种说辞。有人讽刺法国人的生活节奏是："春天上班，夏天度假，秋天罢工，冬天过节。"法国是个出了名的认为"休假"是天赋人权的国家：工作永远是第二位的，放假才是第一位的。英国人史蒂芬·克拉克（Stephen Clarke）在近几年出版的一系列解读法国文化的书里，常调侃法国人有各种美妙的借口和巧立名目的假日来逃避工作。克拉克的戏谑虽夸张但会让所有在法国生活过的人莞尔。一年下来好像正经上班的日子没几天，其他的日子里每天满脑子都是疯玩！大概每一位曾经在法国学习或工作过的华人对法国社会都有很多"槽点"。

我对法国最大的吐槽莫过于其拖沓的官僚做派。别看很多法语教学材料上会习惯性形容法国食物是多么的"magnifique"（美妙），景色是多么的"magnifique"，时尚是多么的"magnifique"，建筑是多么的"magnifique"，但到了法国，你会发现很快成为你口头语的形容词是"incroyable"（难以置信）！因此，法国办事程序是"难以置信"的扯皮，效率是"难以置信"的慢，而办事员的态度是"难以置信"的漫不经心。

我在法国做研究期间，几乎一半的精力都被耗在应对各种官僚手续上了。比如我在法国待了一年，而我在巴黎的"长居证"整整拖沓了6个月才办下来！这个"长居证"简单来说就是法国规定的申请来工作或学习的人落地后进行续签的签证，需要的材料和手续和我在英国申请入境签的时候差不多，但至于为什么同一套材料必须要走两次程序，大概只有法国人才知道。这也就罢了，不仅巴黎警署办事特别慢，而且每次都会提出各种原因让你再跑一趟。

遇到这个问题的不止我一个，每年受人文之家基金会资助或者来社高院工作的外国学者都很多，他们也有类似烦恼。因此两个在法国相当有名望的学术机构都让其学秘向警署施压，催促务必优先处理国际学者的申请。但法国官僚的拖沓有时候连法国人自己也束手无策。有一天我收到了人文之家的学秘向所有受影响的外籍雇员发邮件说："我真是催不动了，不如你们团结起来一起去警署示威抗议一下吧，或许能快一点！"

果然是个很有罢工抗议传统的国家！在没有拿到"长居证"之前，原则上讲欧盟以外的外籍人员是不能离开法国的，因此当这个手续从秋天拖到冬天时，和我一样来巴黎工作的非欧洲籍学者们都无法回家过新年了。当人家都在"占领华尔街"的时候，我们这些留法的老外就去"占领巴黎警署"了。

当然，说是"占领"，其实就是我们这几个分别来自阿根廷、智利、乌克兰和中国，分别从事古典文学、历史、哲学和社会学研究的文弱书生在警署的楼道里等了三个多小时，也没什么结果。但文科生聚在一起，自然不会放过集体讨伐法国的各种"匪夷所思"。阿根廷大姐是研究法国文学的，她说，来法国之前她已经对法国文化有心理准备，不过到了法国之后，仍然大跌眼镜。智利阿姨吐槽说，一去法国机关办事，往往直接让你排队等待，不过大多数时间你并不被告知为什么要排队或者到底在等什么！而乌克兰小伙说，最让他气愤的是法国人办事不仅拖沓，而且他们就不明白为什么外国人会希望回家过圣诞，因为法国人觉得被滞留在巴黎不就如同滞留在天堂一样嘛！这真是说到法国人思维盲点的核心了，我们几个老外纷纷跟着点头。

在法国当"海漂"，不仅要接受法国大环境里的官僚系统，也要有承纳小环境扯皮的气量。比如，由于不同部门之间的扯皮，在我搬入巴黎我的办公室之后，虽然我的办公室有资金，但却迟迟没有打印机！更为确切地说，是没有人知道在全楼几百个打印机里，哪几部是我的办公室可以用的，以及纸张费用应该如何结算！

可是偏偏我当时做的项目需要大量的打印——或者给我配备十个显示器也可以——在我抗议邮件的密集骚扰下，一个秘书后来悄悄告诉我一个房间号码，是后勤专用的打印房，说我可以偷偷去那里打印，只是不要告诉别人就行。我拍着胸脯向秘书保证说："你放心！这个秘密我是不会告诉别人的，因为这么复杂的法语我还不会说呢！"

后来听说关于哪个办公室应该多付几分钱纸钱这个扯皮将于近期结束，我一阵欢喜，但同办公室的一个瑞士同事在旁边哼哼一阵冷笑，提醒我说法国人对"近期"的定义可是和其他地球人不太一样哦！确实，直到我一年后回到英国，我也不确定这个纠纷到底解决了没有。好在法国人虽然会对"谁应该怎样"这种原则问题决不让步，但是没有人会阻止或质疑一个已经知道密码的人进入她本不该进入的房间随心所欲地打印！

要理解这种扯皮，首先要理解法国的科研体制出名的复杂。在巴黎的第一个月，我一直在探讨、钻研和向人请教自己到底是属于哪个单位的，因为我在法国的邀请方、项目的承接方和我办公室的具体所在地，分别是三个不同的单位，它们相互之间虽名义上有高低之分但管理上无上下之别，彼此有千丝万缕的联系。我问了好几个人，大家分别用法语、英语和图画语言给了我一个非常靠谱但又非常混乱的关系解释。

有一次午饭时，我向地道的法国人伯纳斯教授提出了这个疑问——这里插一句，法国不愧是全欧洲在餐桌上花费时间最多的国家，其研究机构的餐厅质量绝对是世界第一。不管你对法国的学校管理有多大不满，每天 12 点，食堂的大师傅绝对都会让你对于身处法国而倍感幸运。即便是日常午餐，头盘、主餐、甜点也是一个都不能少，不仅量大到足以充当我一天的伙食，而且法国食堂里午饭也是供应红酒的！喝到晕晕乎乎，下午继续做学术去！——听到了我关于单位归属的较真，伯纳斯教授哈哈大笑，教育我说："要放弃英国式教条，在法国，思维要发散、要自由，明白？"

他进一步解释说，法兰西是个浪漫的民族，喜欢"创造"而不喜欢"拆毁"，所以随着时间的推移，法国院校会设立很多很多新的项目、新的中心、新的网络，但和我熟悉的"死脑筋"英国不同，这些"新"

团体不是建立在旧体制废除的基础上，而是覆盖在原有项目、中心和网络之上的，所以，每个人都有历史纵向、项目横向以及各种人际关系上斜向的关联，比如伯纳斯教授自己就有四五个院系关系，很正常。"所以"，伯纳斯教授总结说，"对于任何一个中心，你都既'绝对'属于这里，你又不'完全'属于这里，明白？"

不知道是伯纳斯教授的解释，还是餐厅红酒的力量，总之我忽然豁然开朗，对"难得糊涂"四个字有了更深一层的领悟！

既然着急也没有用，想太多也是白想，我也开始学着习惯于法国生活的"不着急"。元旦过后的第二天，巴黎下着蒙蒙细雨，我坐在拉丁区的一间咖啡馆里，和绝大多数法国人一样，并不着急从新年长假中缓过神儿来。

正是在这似乎被整座城市认为是"天经地义"的清闲的对比下，那天下午当我看到著名的法兰西学院（Collège de France）门口络绎不绝，不同年龄段的巴黎市民冒雨赶去听公开讲座时，我才特别惊讶。

这个法兰西学院旧译为"法兰西公学院"，一个"公"字恰好表现了其最大特点：这是一个将最前沿的科学、人文研究成果与普通公众分享的独特高等研究中心。法兰西学院有点像各国的国家科学院，科目遍及各个领域，其内每一位教授都会配以精良的辅助研究团队，其科研外的教学、管理等任务则被降到最低。可以想象，对于任何人，能入选成为法兰西学院的教授不仅意味着极高的荣誉，而且在其学术拓展上也是硬件和软件的最完美保证。入选只有一个硬标准，即必须是其领域内最为前沿、最有活力的学术人。

但与大多数国家科学院不同的一点是，这里的每个教授都有义务举办面对普通市民的公开讲座，且其内容必须新锐。类似的面对大众的讲座大概很容易让人联想起国内的《百家讲坛》等节目，不过法兰西学院的深入浅出可远远超过了电视娱教节目。这里的公开讲座大部分内容都可被学术界引用，甚至成为学术经典，比如米歇尔·福柯从1971年到1984年的讲稿集。再比如1月3日的这个讲座，题目就能看出其学术性：《现代性和反现代性的波德莱尔》。而且这些公众讲座的目的并非简单的答疑解惑或传递信息，而是以感召与启发为主，为了引起公众对学术前沿的兴趣，激发民众进一步探索的欲望。正如其宗旨所述："向其听众传播自由研究这一理念，而不是讲授已经获得的真理。"

在来巴黎之前，我对这个传奇的法兰西学院的公开讲座有着各种想象，总觉得这里是巴黎年轻才俊和学术人聚集的地方，如同英国伦敦政治经济学院名声在外的晚间公开讲座一样，虽然对全社会公开，但来者多半还是学生。尤其是曾经登上过法兰西学院讲坛的，仅社会学，就有马塞尔·莫斯、克劳德·列维-斯特劳斯、皮埃尔·布尔迪厄这些如雷贯耳的大师。可以想象，当我看到节日气氛尚未消散的雨天，除了年轻人以外，兴致勃勃地赶来听这个关于诗人波德莱尔讲座的还有很多四五十岁，甚至是需要搀扶的耄耋老人的时候，我不由得对法国人的这种求知传统升起无尽的钦佩。

法国即便在西方人眼里，也是出名的难以融入的国家。我想每一个在法国留学的中国学生都会付出额外的辛苦。从这个角度讲，法国大概并非留学的首选之地。但在那个雨天，我忽然觉得能在有如此公众讨论和乐于学术的文化传统中学习或工作，也未尝不是一种幸运。那一刻我感悟到法国人的浪漫真是浸入到骨子里的，因为对于法国人来说，情趣修养不是一种需求，而是一种生活习惯。

别看我对法国吐槽起来毫不留情，但法国的生活也给了我很大的启发。在法国看过的诸多展览中，给我印象最深的是法国国家图书馆为了庆祝获得私人捐赠的贾科莫·卡萨诺瓦《我的一生》的手稿而举办的专题展览。卡萨诺瓦常被比作拜伦笔下的"唐璜"。不同的是，唐璜只是虚构出的花花公子，而卡萨诺瓦却是在18世纪真实游历过欧洲的著名情圣，一生所爱无数。他虽非贵族出身，却因其才智和非凡的社交能力，在欧洲宫廷贵族和市井生活之间游刃有余。上述这长达4000页的自传《我的一生》被文学界和史学界奉为18世纪欧洲的百科全书，而2005年由影星希斯·莱杰出演的《卡萨诺瓦》更是让这位风流才子再次成为流行话题。

法国国家图书馆那次展览的题目是《挚爱自由》(The Passion for Freedom)。这里除了指卡萨诺瓦在120个欧洲城市的自由穿梭，在图书管理员、赌徒、提琴家、商人、医生、作家、外交官、舞蹈家、翻译家、军人以及学者等职业间自由转换，当然也包括不被任何女性所束缚的自由。所以第一次听说这个展览的时候我觉得特别滑稽：把一位大情圣当作追求自由的英雄来崇拜，这事真的只有法国人能做得出来！

不过，在国家图书馆实地参观完这个展览之后，我看到了卡萨诺瓦所代表的另一面。10个房间展示了诸多书稿、信件、乐谱、几何图谱、纹章绘案，以及包括从卢浮宫等博物馆借来的当时的绘画、钱币、纸牌、布料、服装、饰品、面具、玩偶、医药箱，等等。如果撒下说明，我觉得这完全就是一场显示欧洲盛世文化的展览！最不可思议的是，这250多件产品只能展现卡萨诺瓦于63年间在长达6.5万公里的游历中的一些很小的生活片段而已。

在西方语境里，一个博学多才的人常被称赞为"新文艺复兴人"（Renaissance man）。但从来没有人会把卡萨诺瓦和这个词联系起来，因为他的博闻广识属于另一种类型：卡萨诺瓦与之来往的，既有俄国女皇也有地痞流氓，既有炼金术士也有伏尔泰、歌德这样的学者。他既推动乐透彩票在法国发行，也给莫扎特的歌剧支招。这个人对社会的三教九流似乎有着不带歧视的强烈兴趣。他不拘束于世俗或文雅的条框，也无视阶级行业的限制，好奇便去求索。因此卡萨诺瓦这个意大利人，反而被视为代表发源于英法两国的启蒙运动（Enlightenment）的精神。法国国家图书馆所要推崇的，正是这种启蒙精神所倡导的不拘一格的自由。

值得一提的是，看完展览我还是不敢确定卡萨诺瓦自己会不会喜欢这个展览的题目，因为卡萨诺瓦本人对于"passion"这个词很小心，其在自传的前言里就指出："人是自由的，但这并非意味着人可以为所欲为，不然人就成了激情（passion）的奴隶。"所以卡萨诺瓦一生潇洒倜傥却非张狂不羁，圆滑机智却非浑水摸鱼。正如展览的小册子上的评论："那些百科全书主义者在各自小屋里所构建的虚幻梦想，恰恰是卡萨诺瓦通过行动所构建的现实生活。"

如果说英国让我明白了"认真"生活的内涵，那么法国的经历倒是让我领会了"自由"生活的真谛。在巴黎，因为我习惯于英国人的严谨缜密，常被我的法国同事揶揄我一定是在海峡对岸感染了"强迫症"。别看法国人看似生活散漫无际，但其实里面有一种难得的洒脱与真挚。浪漫，说到底就是探寻一种不拘一格的自由。

每个人都该知道一点女性主义

有些人采取"存在即合理"的世界观，有些人喜欢问个"凭什么"。

"我不是一个女性主义学学者，因为在接触女性主义理论之前，我已经先入为主地成为底层社会学理论（subaltern theories）的追随者了。"这是每年在讲女性主义社会理论及讲中国女性社会地位那两节课的时候，我铁打不动的开场白。每年这两节课都会特别有料，学生永远都会剑拔弩张、非常热闹。因为即便在欧洲，类似于"什么叫男女平等""女性运动在过去一个多世纪，尤其过去几十年到底起到了什么样的作用"这样的问题一直都争论不休，所以在讲女性主义（feminism）的时候，表明本老师"中立"的"立场"就显得很重要。当然，如后文所叙，中立立场也是有伏笔的。

女性主义近几年在国内也是个时髦的词汇，但依然有很多人会习惯性地误称为"女权主义"，好似描述一场敌我不共的权势争夺战，尤其"剩女""女汉子",还有"三高女"（高学历、高收入、高年龄）这些语言标签似乎更是激化了双方的关系。

我的学术专长并非女性主义，在欧洲居住的十年也并没有亲历什么女性运动或者受过明显的性别歧视，所以我并不想在这篇短文里叙述太多关于女性主义学理论本身的内容，关于什么是女性主义、经过几次思潮和几次运动、有哪些代表人物等问题，都是网上很容易查到的。

激发我写这篇短文的是2015年年初在知乎网上回答国内网友的问题，随后被卷入了女性主义的相关争论。关于性别平等的具体观点尚且不论，只是和国内这个网友的对话过程、其对女性主义的态度，让我觉得和我在欧洲课堂及媒体上听到的观点的出发点有很大不同。而正是这种对"新"思潮的看法，而非对女性的具体看法，才是我觉得更加值得思考的文化差异。这些网友也许不具代表性，但我觉得有类似想法的人也不在少数，也正因如此，我才觉得了解一些女性主义也许对现代中国格外有意义。

知乎上的那个问题是："在科研圈里，为什么一些学科的女教授尤其少？"我给出的是简单的"知识分享型"答案，并直接引用了一个经典实证研究的结果：

"这不是中国一个国家的现象，而是世界各国难以根除的旧患。哈瑞耶特·扎克曼（Harriet Zuckerman）和乔纳森·科尔（Jonathan Cole）在20世纪70年代的研究中就指出女性在科研工作中受着'三重歧视'（triple penalty）：第一层是社会层面的，在父系社会中，科研是被看作非女性的（比如认为女性没有做科研的体力，或者女性不擅长理性分析等）；第二层是心理层面的，即社会偏见带来的女性信心和雄心不足（有很多关于信心差距的调研，比较经典的一个是面对同一

每个人都该知道一点女性主义

个招聘启事，一般女性申请者会在自己 100% 满足条件的情况下才申请，而男性申请者在仅满足 50% 的条件的情况下就会申请）；第三层是实际操作层面的，女性被给予的机会及奖励也相对较少。"

原本是个就事论事的回答，但没想到引起了一些网友的反对，指出"不是社会偏见，就是女性自身的问题"，有些人进一步指出这样的答案完全无视男女差异，因为"女性天生相对更偏向感性、情绪化"，而"男性更偏向理智，偏爱成就感"。作为一个社会学学者，读到这些评论不由莞尔，因为网友们所形容的那些"天然"的差异其实是教科书上关于"社会构造"的最典型的例子，即这些貌似天经地义的教条并非生来就合理，而是社会长久而刻意的偏见。因此，我也对这些评论作了如下解释：

"男女生理及后天确实会有差异，不平等的根源在于：评价标准永远是以'男性'价值取向为主，而'女性'的价值标准被默认为是次要的。这不是中国一个国家的问题，世界各国都有这个问题。很多情况下，成功女性之所以成功，是因为她们能更像男人一样，而并非因为其女性特质。"

有网友追问说："科学、数学、工程自有准则，这可不是什么男性的标准。"

这是个不错的质疑，我回答说："每个学术门类本身的论证确实自有准则，但科研在实践、实验、实施过程中，是一种社会行为，哪些行为、哪类人，甚至哪些'知识'本身是被认为'好的''靠谱的'，或者是'有效的'，则是一种价值判断。这种判断是受主导价值体系左右的，而在绝大多数国家，主导价值体系是以男性价值为核心建构的。"

到此为止，大家的反映都在我预料之中，因为每年讲课的时候，学生的争论都会经过类似阶段，即从表象歧视找到歧视根源，之后的讨论多半会转向反思生活里还有哪些其实并无道理的"理所当然"。不过，国内网友的话锋却转向了另一个方向。

有一位叫"老吕"的网友批评我说："这种说法毫无意义，同样的方法可以谈论长相、年龄、家乡、口音，排查、甄别，最后没有人可以安宁。"

没错，我们对"长相、年龄、家乡、口音"的认知和优劣排序也是由社会价值体系决定的——记得20世纪90年代中，我从美国回到北京上学的时候，有个老师问我，觉得到底是英国口音好听，还是美国口音好听，我一时发愣，旁边一位老师不无深刻地玩笑了一句："谁有钱谁的口音就是最好听的。"而那个时候，不正是港台腔风靡的时候吗？

但了解到生活中的很多信条其实都是由社会构筑的这一点怎么就没有意义呢？只有了解了，才可以探究歧视的渊源，进而可以反思如何把社会变得更公平。

"老吕"的另一点担心也不无道理，就是想这么多，不就没法"安宁"了吗？其实，事实上"歧视"这件事在社会体系中的一大功用就是保持"安宁"——"别不服气，别想太多，本该如此"。不过人类文明的发展轨迹不是以"维稳"为主，而是追求更大的公平与平等，奴隶社会、封建社会，以及种姓社会都很"安宁"，后来不都被改变了吗？

把上述内容发到网上，本以为也算对网友的"顾虑"做了回复了，但网友"老吕"很快批评说我的"前提就是错的"。他说："人的想法大部分由偏见组成——也就是自己的好恶，甚至对于科学问题的求解方式。所谓没有偏见的思维其实就是政府和政府的知识分子规定的思

每个人都该知道一点女性主义

维方式。比如因为'平权'导致的美国大学招生中对黑人的照顾。或者对于'歧视女性'的研究，先莫名其妙地假定女性应该在某些项目上和男性表现一样，再假定现实中的差异来自'歧视'，接着要找出'歧视的根源'。女性平均寿命比男性长是不是'社会歧视'造成的呢？是不是这个社会给了男性过多的压力呢？这要怎么赔偿和挽救呢？"

这位自称"老吕"的网友也许只是个年轻的"小吕"，虽然他回复中用的例子让人哭笑不得，但很明显他已经"决定"性别不平等和种族不平等一样，均为无稽之谈，是政府和知识分子支持下的弱者向强者的耍赖而已。我自知是没办法说服对方的，但我依然写了最后一段回复——

"没有谁会天真地假定女性和男性在所有事情上表现是一样的，男女生理本身就是不一样的，这里讲的平等不是绝对平等（接近"equality"），而是机会平等（接近"equity"）。另外，女性平均寿命比较长貌似是生理差异。也大可不必'先莫名其妙地假定'为女性争取权利就是为了反过来压制男性，好像一定要男女对立、你死我活的样子，我觉得（至少在知乎这样的网站上）还持有这种天真、机械想法的人比较少。这类想法最晚到 20 世纪 80 年代第二波女权运动后期都已经过时了，国内思潮就算慢个半拍，不少人在过去 30 年里也差不多跟上了。

"人的想法确实都是一种'偏见'。女性主义学者多娜·哈拉维（Donna Haraway）有一句话说得好：'没有视角哪里来的视界？'完全'客观'的看法是不存在的。但是'存有偏见而自知'，与'存有偏见而不自知'是不同的。'存有偏见，自知却否认其局限性'则又是另一个问题了。性别歧视和其他歧视一样，有些人采取'存在即合理'的世界观，有些人喜欢问个'凭什么'。"

即便杯水车薪，但我还是希望"老吕"和像"老吕"一样的朋友能看到：反思和抵抗偏见是文明的进程，他们的"安宁论"和对"平权"的"无稽论"，其实都在无形中助长"歧视却不自知"。

理解这一点的重要性在于，其实我们每个人都曾／会在生活中有意无意地扮演"老吕"的角色。比如你是否想过，当你告诫你的女儿"女孩子不要太强势啦！"的时候，你其实对她进行的是一种歧视教育？欧美有个挺有名的运动，就叫"Ban Bossy, Encourage Girls to Lead"，即抵制女孩一旦有自己的想法就被标以"bossy"（强势）的标签的行为。

在这点上，我还有个好笑的亲身体会：从小学到大学，在国内我总被老师批评说"太强势"，后来我脾性难改风风火火地来到 LSE 之后，老师和同学都评价我"太谦虚啦"！这是给我印象比较深的"中西方差异"之一。

要再深入地探讨女性主义，就要回到开篇提到的我每次上课的那个开场白了，那句看似无辜的开场白确实是可以埋下两个伏笔的。

第一个伏笔是我极力撇清自己与"女性主义者"的关系，因为这个词即便在西方也有很大的社会包袱。比如每年不管是在本科生还是研究生的课堂上，当我问谁是女性主义者时，一般每次都会有几个学生举手，有几个学生犹豫不决。在课堂上，这个明显的"尴尬"是我引导学生对女性主义反思的好例子。但这并不是说女性主义在西方受排斥，针对"谁是女性主义者"的课堂调研，有一个学生曾经反问我："你觉得你问这个问题有意义吗？但凡受过高等教育的女生有谁会说自己'不是'女性主义者，男生有谁会说自己'不支持'女性主义的？"

第二个伏笔是关于女性主义归根结底是做什么用的。之所以说在

每个人都该知道一点女性主义

我的理论定向上,"很遗憾被底层社会理论抢了先",是因为其实二者有很多交叉点。正如我在和"老吕"讨论中提到的,女性主义争的并不是性别的绝对平等(gender equality),而是扩大这个社会的性别包容度(gender tolerance),即并没有人会因为其性别而被排斥于某种生活之外,或因其性别而离某种机遇更远。如同殖民理论分支下的底层社会研究,说白了也是为了增强社会对不同种族、地域、文化背景的包容度,如此,不管是男性还是女性,不管是黑人、白人、黄种人还是棕种人,不管是殖民地区还是被殖民地区,不管来自东南西北的哪种文化背景,作为公民都有对自己生活道路全面选择的权利。

换句话说,女性主义归根结底和殖民研究、种族研究、移民研究一样,都是对边缘或弱势群体的关注,它们之间虽然出发点不同,但思路是相通的。而我们每一个人都可能会在生活的不同阶段或不同层面成为弱势群体,因此每个人(即便不为别人的公平考虑)至少都应该有自我保护的觉悟和有问"凭什么"的意识,这就是为什么我说每个人都应该知道一点女性主义的原因。

Ⅲ. 谁没烦恼过？

　　别看英国是中国学生的第二大留学目的地，但英国的学术体制仍让很多国人摸不着头脑。我想下面这几篇短文，除了分享在英国教书的感想，也许会帮助一些读者摸到英国大学的"门道"。

　　在讲台上，我和每个老师一样，貌似淡定的外表下其实是时刻保持着"机警"，因为你永远不知道这些二十出头的英国年轻人今天又会折腾出些什么让人哭笑不得的"幺蛾子"！成长总会夹杂着不安，因为不安而烦恼；英国年轻人成长的不安和中国年轻人的不安有些相似，也有些许不同。

讲师形成记：体统篇

英国大学里讲究师生双方"划清界限"：老师要有老师的风范，学生要有学生的样子。

随着留学和国际科研人才流动的增加，很多人对英国的高教系统好奇，但很多人也抱怨很难整明白英国教育体制那点事儿。英国的学术体制和北美有一点相似，那就是大学教员可以分两类：一种是"终身职"，北美叫 tenure（意为"对职位有保有权"），英国叫 open contract（意为"无限续约"），相当于学术界的"铁饭碗"，即大学不可无故辞退，要一直雇用到你退休。第二种是 1~3 年的短期合同工，这种职位在英国一般是和研究项目相关的，合同到期除非很幸运地恰好有其他的项目资金跟进，否则一般没有机会续签。可以想象，在获得"终身职"之前，每位学者的生活都是比较颠簸的，在学术界闯荡多少有点像赌博，因为你永远不敢确定你的下一站会在哪里。终身职位比较少，而且有的时候真的需要一些"天时、地利、人和"的机缘。

我的好几个朋友，在欧洲熬到了教授，依然在为申请到一份"终身职"而发愁，但我的同学里也有一毕业就空降于"终身职"的。

不同于北美大学里的学术金字塔主要由助理教授、副教授、教授三个职称层级组成，英国的职称等级分四层：（1）讲师，相当于助理教授；（2）高级讲师，介于助理教授与副教授之间，但多数情况下相当于北美的副教授；（3）直译为"读者"（Reader）的"准教授"；（4）教授。准教授其实更确切的翻译是"待位教授"，这是指早年间欧洲大学严格限制教授数量的时候，一个学者即便已经达到了教授的水平与威望，也只能"待位"，等到他的前任退休、离职或西去，才能正式坐上教授的交椅。

我算运气不错的，在博士毕业后，做了两个一年期的项目后便找到了"终身职"，开始在大学里教书。但即便拿到了博士学位，按照英国的法律，我依然没有在大学教书的资质。拜英国 1997 年针对高校执教职业化举措的《狄林报告》所赐，在英国高校执教必须经过额外 60 学分的培训，需要获得"高等教育研究生证书"（PGCHE）并持证上岗。

在 1997 年之前，大约有三分之二的高校教员没有接受过任何教育学的专项培训，比率比 20 世纪 80 年代的时候还要低。而当留学生逐渐成为英国高教市场的主要收入来源，英国高等教育学会的首席执行官开始因国际学生对英国高校的满意程度总比英国本地学生低而担忧，认为英国要想在大学教育市场保持优势，就必须加强高校老师的职业化。

不过英国高等教育学会也很实际，允许任课老师在职培训，也就是说我可以白天照常完成教学任务，但要利用"课余"时间在两年内修满 60 个学分。我也因此有了一个有趣的经历：在我做老师的第一年，我也同时做回了学生。第一天上班，我去人事处报到领取完工作证之后，转身又要去学生处领取学生证！

这个在职教育可不是简单地走走形式，这 60 个学分里面包括教育学的各个方面，有选修课也有必修课，每门课都有明确的考核目标。在这些课程里，每个讲师都是学生，受同样的学校作业提交程序的管理。获得了 PGCHE 之后，如果选择再修一年学分（即 60 学分），就有资格获得教育学硕士学位，这个培训的正规和难易程度可见一斑。话说对于新老师来说，本来备课就是费时又费力的大挑战，还要挤出时间来申请课题发表文章，现在还要求我们修研究生级别的学分——绝对的平添麻烦！

但抱怨归抱怨，一进教室就自动开启好好学习模式。话说学术文章我敢欠账，但教育系同事（啊，不对，应该是教育系的"老师"）安排给我们的作业却绝不敢拖沓。确切地说，或许恰恰因为 PGCHE 并非为了走形式，而是为了促进每一个大学老师对教育有所思考，我很快就发觉自己非常喜欢里面的讨论。确切地说，两年的课程，我一年就全修完了，其中一半学分还得的是优异（distinction）。连我们学院的院长都惊呆了，说在她的记忆里从来没有教员这么高效率地把这个证书拿到手。那一刻连我都觉得自己是个"学霸"，哈！

这套课程的价值并非在于给新老师武装讲课技巧的"技能培训"，因为即便没有资格认证的要求，大部分老师也会琢磨怎么把课讲得有意思。一来学生满意程度是英国大学排名很重要的一个指标；二来在同一个学院里，谁讲的课有意思，谁的课让学生睡觉，学生喜欢亲近谁，避而不及的又是谁，这些都能在每学期末学生的课程评价上体现出来，这口碑的压力才是最大的动力呀！

英国政府强制每个老师学习的，更多的是职业认知。PGCHE 首先帮助新老师厘清职责范围。知道吗？严格意义上说，我和我的同事都不能称为"老师"（teacher），因为我们其实没有负责全面培养学生、组织学生活动的资格；大学里站在讲台上的只能称为"讲师"（lecturer），因为我们的首要职责是学术研究，其次才是教学，而且除了学术上的指导，学生遇到的其他问题我们都没有资格插手，要由专人负责。

英国大学里很强调师生双方都能有"职业范"，尊重并维护师生区别。你可以很受学生欢迎或喜欢，但"和学生打成一片"这样的老师在英国大学里，不论是在学生间还是同事间，大多不会得到认可。这是英国高校的普遍氛围。

任何一个讲师入职后很快就会明白这样一个道理：尽管我和我上高中及上大学的表弟表妹很能打成一片，但我永远不可能成为与他们年龄相似的我的学生的"cool cousin"（酷表亲）。这是一定的，学生和老师之间就是有一道职业分界线，这道线即便不是老师划的，学生也会自动给你划出来。在和学生的交流中，很快你就能凭感觉知道这条线在那里——说实话，刚在大学教书的时候，踌躇满志地要当明星老师的我，猛然接触到英国学生的这种"习惯性疏远"还真让我小有"伤感"。

但这个现象的原因从教育学角度分析很简单：学生支付学费来上学，期待遇见的是有权威性、能答疑解惑的老师，而非能和自己谈天说地的"酷表亲"。这是学生对教师职业的尊重，反过来，也是老师应该对学生这个"职业"表示出的尊重。后来我也不再"伤感"了，因为后来即便我的授课风格受到很多学生喜欢——比如毕业典礼上会有学生四处寻找我，就是为了向他们的爸爸妈妈炫耀这位"神奇老师"，但他们依然不会期待老师参与到学术之外的活动，下次在酒吧撞见你，他们可能还是会立马找借口溜走！

乍听起来对"职业性"的强调好像疏远了师生关系，但我发现这种维持距离的相互尊重其实是件好事。如此"划清界限"看似刻板，但其实督促了每一个人都要对其社会角色负责：老师要有老师的风范，学生要有学生的样子。校园里两个群体各尽其责，也未尝不是一个值得借鉴的师生模式。比如听一些国内大学里老师说，每年学生里都有"刺头"，有经验的老师总会有办法挫一挫他的锐气，使"刺头"学生更合群。英国大学对这种情况处理就完全是另一种方式。如果遇到学生语言挑衅或者有"态度问题"的，老师首先会预设为是学生因家庭或学业压力等因素缺乏安全感或者缺乏自信的反应。在强调师生各司其职的氛围下，默认的共识是：老师一定在师生权力关系中占优势，处于弱势的学生有"刺头"表现未必是年轻气盛，而更可能是因一些困扰而急于表现和证明自己。因此处理办法不是"挫锐气"，而是寻找让学生感到困扰的缘由。

理解（英国）学生的这种心理也在无形中让老师更讲究自己的谈吐举止，比如与此相关的一个教育学观点是，老师永远不可能成为"墙上的苍蝇"，也就是说，即便你想让学生在小组活动时忘掉你的存在，都是不可能的。如果在学生自我讨论的时候，你远远地待着，做"不感兴趣"状，学生依然会觉得你是在暗中观察和评价每个人的活动；但你如果挨个和每个小组交谈，又容易让学生认为你是不信任他们独立活动的能力。因此作为老师，课堂50分钟，你必须时刻注意自己的行为可能会对学生心情产生的影响。

别看我在做老师之前当了 20 多年的学生，但师生间的互动我还真没留意过，那些看似简单又程序化的交流，其实越想越有趣。这个强制性的 PGCHE 的培训让我发现教育学真是一门有意思的学问，每次学生带着学科问题来听我的课，我也带着教育学问题去观察他们。英国大学上课老师的"一言堂"居辅，而主要依靠"讨论课"（seminar）的形式，即十几个学生在读完相应文献后，带着问题来到课上，在老师的指导下自由讨论。从直觉上讲，我想大部分人都会认为和学生们在课堂上"围坐"一起很亲切融洽，尤其绝大部分大学讨论课的课堂是采取圆桌形式的。但其实在开课之初，学生之间尚不熟悉的时候，"围坐"的形式会让学生倍感压力不愿说话，反而不如传统的分排列坐更让学生放得开。

除了让新老师能更快地掌握现实问题，我最喜欢的是 PGCHE 的课程也帮助新老师思考掩埋于那些日常烦琐工作中的"大"问题，比如，学生和老师的职业契约是什么？考核和教学目的的关系是什么？教与学的趋势是什么？大学的意义是什么？我的教学价值观是什么？

如果没有人强制我去思考这些问题，我想即便我做了很多年的老师，对于上面这些问题我依然只会有一些想当然的肤浅回答。比如，大学除了传播知识，当然是拓展学生的个人机遇啦！而老师自然就是帮助学生自我提升喽！但英国社会对这些问题可是有很多观点呢。

确切地说，如果你问我英国教育界最有特色的是什么，我觉得不是中学阶段的文法学院（grammar school）教育，也不是剑桥、牛津和我所在的肯特大学里尚保留的传统住宿学院制，而是英国教育界对"扩招"这件事长达一个世纪的执着与纠结。没错，扩大招生这件事从 20世纪 40 年代初就一直是英国教育界的头等大事。对于有着顽固社会分层和深厚精英传统的英国来说，"高等"教育似乎压根儿就是让人爱怨交加的事情。

自1944年的英国《教育法》提倡"教育机会平等"以来，"扩招"几乎是每一届英国政府都要花一番工夫希望留下政绩的项目。20世纪60年代的《罗宾斯报告》提出了"能力论"，即针对那些传统上不会考虑高等教育的家庭之子女，提出："凡有能力者均应由高校提供学习之所"。与这个让高等教育走进工人家庭、让"新"学生走进校园的号召相呼应的，是20世纪60年代末在工党领导下各种新式大学的兴起，比如肯特大学、约克大学、华威大学。有趣的是，这些新大学都有个共同的绰号，叫"平板玻璃大学"——为了突出教育时代之"新"，它们在建筑上多采用钢筋混凝土和平板玻璃这些摩登材料，和牛津、剑桥的古典之风迥然不同。

虽然学校的外形变摩登了，课程设置还是老式的，并不实用，因此"新"学生其实并未增加。20世纪80年代末，英国换保守党当政，政府又连发教育白皮书，要大学扩大教育种类，尤其强调职业教育和成人教育。一时高等教育有全民参与的趋势，但是当时的政府推行教育市场化，实质上使很多经济收入低的家庭处于劣势，所以真正地将大众引入高校仍然没有实现。

20世纪90年代末，布莱尔和工党新政的竞选主题就是："教育，教育，教育"。1997年工党执政第一年就发布了《肯尼迪报告》和《迪林报告》两份对现今英国高校都很有影响力的文件。当然，这也是英国高教从免费到收费的开始。但英国人对"扩招"两个字还是非常认真的，在以往几次推广高教都不成功的试验之后，英国政府开始强调不仅要提高大学生的数量，还要改变大学生的人口组成，比如性别比例、种族比例、家庭经济比例及年龄比例。新千年，工党曾向全国许诺要把高等教育普及率提高到 50%，不过这个豪言壮语并未实现。

后来保守党和自民党联合政府上台后，新教育调研结果《布朗报告》发布。依据这份报告，财政对教学的直接补助被砍去了 80%，取而代之的是学费翻倍增长，但政府至少在表面上承诺不让优等贫困生受影响，开始了"选择性"扩招。

总之，"扩招"让英国几届政府忙活了近一个世纪。其实至今什么算"扩招"、怎么"扩招"仍是学术上和政治上争论不休的问题。但我赞叹的是，之所以大学招生也能引来如此长期的政治投入，是因为英国人相信教育才是提高社会阶层流动性的最主要途径。英国对"扩招"的执迷，以及对加强大学老师职业教育的执着，是一个社会对教育的信仰的体现。

讲师形成记：实践篇

对于一个有"脸盲症"的"霹雳贝贝"来说，我觉得我在课堂上的表现还不错。

如果你问我在英国大学教书最大的挑战是什么，我的回答也许会让你忍俊不禁：记学生的名字。记得刚在英国的大学里任职的第一天，有多年教学经验的伊恩就告诉我，要想学生对自己的课程有所好评，第一件事就是要能记住班上每个人的名字，因为英国学生都喜欢"认识"自己的老师。而学办秘书给我的第一份教学文档就是印了我那个学期教的不同科目上所有学生的彩色大头照和他们的名字。哇！入职刚报到，我连同事还没有认全就要抓紧"背下"这80多张照片。

将班上的学生和其名字对号入座这件事听起来很简单，但在英国大学里是一件挺有挑战性的事。英国大学里没有国内有些院校里的"班级"概念，绝大部分必修课和选修课都可全校通选，甚至可以跨年级，因此每个老师面对的不是一个固定的学生群。每个学期不同科目上可能 80% 都是新面孔。当你刚刚熟悉这七八十个学生，下个学期可能又得面对几十张新面孔。

老师是否能记住学生的名字这件小事之所以在英国的大学显得格外重要，与各大学比拼更优化的学生学习体验有关。曾经有研究提出：在一个相对固定的群体里，名字的相互知晓情况能折射出这个群体在权力关系上的平等程度，比如在强调师生地位差异的传统师道中，学生一定都知道老师的名字，而老师并不需要知道每一个学生的名字。鼓励老师去记住每个学生的姓名，提倡师生间直呼其名，这种称呼上的平等其实是推动大学里平等气氛的最基本的一步。需要记住学生的名字，这也和英国的教学模式有关。众所周知，除了老师"一言堂"的大课之外，英国大学更强调小组讨论课中老师和学生的直接互动。当教学环境从空旷的演讲厅换成只能容纳十五六个学生的小教室时，学生自然会期待老师能叫出他们的名字。

除了学生流动性大之外，最大的挑战其实在于把学生和其照片对号入座。我本来就是半个"脸盲"，平时应付自己的社交圈还小有障碍，经常在出去开会时张冠李戴闹笑话，但好在学术会议上，我还可以趁握手打招呼的时候，用眼睛使劲扫对方的胸部——找姓名牌呀！而日常上课总不能让每个学生也挂个牌子吧！

认识学生这件事还有一个额外的难点，即学生在学校登记的照片都是十七八岁入学时乖巧青涩的证件照，而大学恰是年轻人尝试各种新造型的阶段。一两年的工夫，这些学生完全可能判若两人：照片里的"小男孩"可能蓄起了络腮胡，大镜框"学究女"可能早改走窈窕时尚路线了。所以虽然有高清的资料图片作参考，但在每个课程的前几周，大概每个老师面对"图是人非"的情况还是会犯懵。

要跟上学生的变化，我从伊恩那里学了一招，就是在学生不留意时，随手在"花名册"上记下每个学生的特点，以便自己能课后"温习"、尽快记住他们。因为被告知我"应该"记住这些面孔和这些名字，我开始有意识地记录一些早先不会关注的细节，比如"卢克和马克是永远坐在一起的好朋友，而卢克则永远是戴棒球帽的那个"，"总歪头靠在桌子上的奥利弗的左耳有听力障碍，永远绕到他右侧再讲话"，等等。我遇到过最夸张的一个例子是夏洛特。第一周我在花名册上加注了她的头发是"红色"。结果第二周，我在班上却没找到这个红发女孩，原来，夏洛特其实是金发女孩，我想大概是第一周笔误。但第三周，我依然面临老问题："夏洛特去哪里了？"我这才发现原来夏洛特是个"发型变化迷"，每周依心情挑染不同的颜色，扎不同的发型，之后我就知道，每周那个"新"学生就是夏洛特了！

久而久之，我不仅记住了学生的名字，也记住了学生的很多喜好和特点。能抓住大学课堂上和学生互动的节奏只是"讲师形成记"最初的一部分而已。对于一个学术人来说，教书的真正乐趣在于能够开设跟自己研究内容与兴趣爱好相关的课，拥有"自己的"讲堂。我记得拿到"终身职"的第一年，我的时间基本都花在开新课上了。

在英国高校开新课多少有点摸石头过河的感觉。英国没有规定高校课程内容的"教学大纲"，除了大一水平的基础科目以外，一般情况下也没有现成的"教材"，所以每个老师要想推出自己的课程，必须要自己设计教学大纲、制订阅读书单、选取讨论视角、策划与布局课堂内容。不过这可不是说老师可以随性发挥，因为课程推出之前，学院教学委员会要仔细审查课程的教学目的、考核手段等是否合理，比如课程表能否充分反映教学目的，论文应该设置为 2000 字还是 3000 字，加入影像、演示等其他考核方式是否得当，等等。这些问题还真需要运筹帷幄。

准备教案的过程也不轻松：一般学校在计算工作量的时候，会以1:4的比率计算讲课与备课的时间，即每1小时的课堂内容平均需要教师4小时的准备时间。当然，如果是简单的填鸭式教学，4个小时足以准备1小时的说辞。但如果想保证课堂生动有趣，我的实际体会是，讲台上的每1个小时都需要两个整天的准备，因为既要言简意赅、深入浅出，还得和新闻动态结合，编创出各种有意思的学术桥段以拉近和实际生活的距离。在授课学期里，日子总会过得像坐在循环疾驰的过山车上，从周五到下周一备课时的高度紧张，从周二到周四讲课时的超级兴奋，既辛苦又过瘾。当然如果你要问我最大的感悟是什么，那就是现在回想起自己上研究生时总翘课，还真是对不住老师的劳动呀！

一开始我还以为1:48（小时）的比例是因为我没有经验，后来同事们说，其实他们准备一节新课也会用一两天的时间。同事蒂姆说，他十多年前从牛津毕业刚做讲师的时候，英国大学的电脑投影仪还未完全普及，要手工制作幻灯片，那时他竟然会花整整一周的时间准备1小时的课。

尽管英国大学里早已普及了电子投影设备，我再不用像蒂姆那样用老方法做幻灯片了，但其实投影幻灯片的编辑和排列仍是很费时间的。尤其我还是个在讲台上见字忘词的人：面前的讲稿或笔记永远无法起到提醒的作用，只能无数次地警示我这里落了几个词、那里丢了一句话，并由此让我在台上越发紧张。不过这个毛病倒是让我因祸得福，因为每次讲课我只能课前做足功课，单凭讲台上幻灯图片"提词"，结

讲师形成记：实践篇

果课堂上倒貌似有"想到哪说到哪"的游刃有余。

当然，课前做充分的准备还有一个原因，那就是我是个著名的"霹雳贝贝"，即我身上好像有一种和现代科技格格不入的魔力，教室里的计算机、投影仪以及鼠标都难逃我笨拙的"魔掌"，屡出故障。有一次，我给本科生上课的时候，计算机和投影仪同时罢工了！我围着那些"黑盒子"鼓捣半天也毫无成效，学生们也替我着急：这课该怎么上呢？我摊摊手说："没有幻灯片看，那在接下来的 1 个小时，你们只能看着我啦！"在学生的笑声中，我开始了一场 50 分钟的"脱口秀"。

一教室的小朋友都惊呆啦！后来有个学生问我，我怎么能"即兴"说那么长时间。我说：是即兴也不是即兴，因为课前要准备好呀。我以前听同事说在哈佛授课前要做足充分的准备，包括在同事面前预演，"合格"了才登台，所以在哈佛讲台上的老师可以应付任何状况。我觉得所有老师都应该是这个标准。嗯哼。

有一阵我看到国内知乎网上讨论一个问题："既然教材都把知识讲得那么清楚明白了，为什么还需要课堂的存在呢？"对这个问题我又理解，又不理解。我很能理解提问者对课堂的不满——因为我上大学时也对上课的必要性产生过疑惑，后来我即使常常翘课好像也并未有多大损失。但我不解的是：如果老师的作用只是串讲知识点（或考点）、简单地答疑解惑，这样的课老师自己上得不也挺没意思的吗？

虽然在英国大学老师的首要任务是做科研和发表学术文章，而讲课多少算是个"不得不做"的工作——我有个朋友风趣地把讲课概括为对学者的"必要干扰"（necessary distraction），但是其实我周围很多同事对讲课都非常用心，因为讲课既是一种"演出"（performance），讲究有趣（entertaining），也是一种启迪（inspiration）；如同写文章要有中心思想一样，讲课也要有原创的立意——换句话说，如同会议发言一样要有自己的论点。只是因为要覆盖很多内容，所以讲课无须，也很难做到如学术发言般严谨，但要更有趣味性。讲课其实是学习某个领域最快的一种方式，所以为何不在教学上多花点时间也娱乐一下自己，多学点东西呢？

课堂上讲得痛快，学生听得过瘾，那份开心与满足无以言表。学年末在学生会组织的老师评选活动中，我获得了"最佳讲师""最佳反馈""最佳论文导师"三个奖项的提名。虽然这些提名都是匿名的，但学生的推荐语是公开的，有个学生的推荐语说："Joy的课确实极其有趣。因为我这么懒的人，她的课居然我一节都没翘过！如果她的课搬上银屏变成脱口秀的话，我也一定会看！"哈！我觉得这是给我讲课的最高评价啦！

英国大学的质量控制

担任过"首席考官"才更能体会到教育的使命感，前任传授我说，我需要做的就是维护两个原则：公平和善良。

你也许会有个疑问：既然英国大学那么讲究教育公平，而英国大学每门课都是授课老师自定教纲，自己判卷，那学生的成绩是不是就取决于一位或几位授课老师的主观喜好？这样"各自为政"的教学制度不是有点"不靠谱"吗？英国大学怎么保证其教学质量呢？

对这个问题我还真有点发言权，因为我曾担任过学院里"首席考官"一职。"首席考官"，听起来很威严吧？记得刚来英国留学的时候，我一直以为做这个职位的一定都是脾气古怪倔强的老学者，因为我觉得它是专门负责出考题刁难学生的。后来我才慢慢了解到：原来"首席考官"是英国大学里保护学生利益及平衡教学质量的一个枢纽。

英国大学成绩管理严谨，一般所有计入成绩的考核内容都至少经过三道判分程序：（1）任课老师判卷；（2）校内非任课老师二审；（3）

校外专家抽样审核。这其中判卷标准是否合理一致，成绩是否成正态分布等都是被监督的内容。不论是英国高校的哪一个院系，每年都要等到学年末，由"首席考官"主持、全体教员和校外专家参加的"考试委员会会议"（Board of Examiners，BoE）结束之后，所有成绩和学位分级才算尘埃落定。BoE大概是每年英国院系里最为重要的会议了，老师们无特殊原因都不得缺席。

据说邀请校外专家参加的BoE是从19世纪兴起的。最早是北英格兰的杜伦大学为了向社会表明其教学质量与牛津、剑桥是同一水平的，从而每年邀请牛津的教授来检查杜伦大学的教学质量和判分标准。后来诸多大学效仿，邀请外校教员监督，随后这逐渐成了英国高等教育界对各校教学质量监督的最重要机制。而在这个会议上最重要的一项内容，就是由"首席考官"如"唱票"一般，公布每一个年级每一个学生的升级或毕业学位等级情况，并对校内和校外人员提出的异议给予解答。没错，英国大学里每一个学生每一年的成绩都是由校内外人员联合审核通过的。

在所有的教务工作中，我最喜欢"首席考官"这个职位，因为它有点技术性，又有趣味性。和北美简单明了的GPA体系不一样，在英国不论升、留级还是确定学位等级这些问题，都并不是简单的分数比照。英国人觉得公平的评分标准应该是把每个学生的个体情况（如疾患、家庭因素、财务因素）给予不同程度的权衡。因此英国每个大学都有几十页厚的《学位管理条例》，专门陈述不同情况可酌情给予何种照顾。

在BoE上，当审核到有个体申诉需要考虑意外情况的时候，"首席考官"的角色更像是学生的辩护律师，要在可能的几个选择中，引证《学位管理条例》的具体细则，使BoE能通过最有利于学生的那个方案。比如，我会说："该生因照顾重病的单亲母亲而误学一个月，评估对学业影响程度为2级，该生在某某课最后考试成绩为39分（40分为及格），根据《学位管理条例》第16条第3款，建议将此门课补偿为及格，允许该生进入下一年学习。"

怎么样，听起来是不是有点"技术含量"？当然，那厚厚的《学位管理条例》我可背不下来，"引经据典"是需要提前做准备的。在BoE之前，"首席考官"需要把每一位学生的成绩和提交上来的个人申诉、医嘱证明都仔细看一遍，并且和相关老师确认好细节，再根据学校规定草拟出类似上面例子里的解决方案来。这并不是说"首席考官"个人有多大权力，因为绝大部分情况是有规矩可循的，每次按照规则帮助学生"提分"自然是一件十分有满足感的事情。但反过来，没有合理的理由，即便学生和上一档学位只差0.1分，或即便占特殊权重的校外考官说情，也不予以提分。

面对模棱两可的案例，"首席考官"的意见还是很能左右乾坤的，尤其给学生往上提成绩的方案未必就是"最有利于"学生的方案，比如大一学生的成绩在很多大学是不算入毕业时总成绩的，所以从"育人"的角度，对于大一学生那些模棱两可的案例，一般其实是从严处理更好，否则有可能给学生以错误的印象，以为大学管理很宽松，反而不利于他们以后的学习。

总之，担任过"首席考官"才更加体会到教育的使命感，因为每一张学生的成绩单都有可能是一道题，让你重审大学的意义和责任。这种逐一进行"质控"的方式必然意味着每年的BoE都出奇的漫长，但我很欣赏英国的这种高校管理方式，因为它公开、严谨，又有人性化的一面。和我以前想象的"刁难学生"的形象截然不同，在接任"首席考官"这个职位的时候，我的前任传授我说，我需要做的就是维护两个原则：公平和善良。初听有些惊讶，细想起来却很有道理，我想其实这也是高等教育的基本价值吧。

公平与善良，貌似简单直白，但它们会在一个行业里起"化学反应"。虽然英国国内对高校改革有诸多诟病，但在全球范围内，英国是公认的高等教育输出大国。我有时觉得英国高校能维持其质量和声望的秘密，就在于维护和平衡这两个准则。

两三年前，有个引起英国媒体热议的案例，即在巴斯大学读硕士的中国留学生李洋（音译）的硕士论文没有及格，他的教授面谈时告诉他有三个选择：（1）修改硕士论文后重新提交；（2）如果认为判分有失偏颇，他可以向 BoE 提出成绩复议；（3）接受这一评分，退学。李洋听完后拿出 5000 英镑的现金放在教授的桌上说："我是个做生意的。还有第四个选项，就是你收下这些钱，让我论文及格，我以后也不会再来烦你。"当李洋行贿未果准备离开时，他的口袋里掉出来一把装满子弹的气手枪，教授遂叫来保安，后来李洋因企图用现金收买导师被判刑 12 个月。

这件事情也在国内引起关注。有的说英国教授小题大做；有的说值得反思国内"花钱搞定一切"的思维；还有的调侃说这是贿赂得不到位，谁说外国就没有潜规则？而英国同事则觉得这件事更像是匪夷所思的冷笑话，因为英国学校对这类行为是"零容忍"的态度。

英国学校有严谨的制度不假，有弹性的管理也不假。留学生与其去钻营英国高校里有无"潜规则"，不如了解一下高校制度与弹性的"潜文化"。

巴斯的这个留学生没有搞明白的是：英国老师会有"通融"的弹

性，但老师的通融尺度是永远在保证公平的基础之上。比如有一次我的一位同事判学科论文时发现有一个西班牙学生的论文中有一个章节和网络上的某篇文章高度相似，但也并不是简单的"复制粘贴"，因为他对其进行了初级编辑。这是一个临界型抄袭的例子，也就是说老师既有足够证据向 BoE 提出抄袭调查，也有充分理由认为，鉴于学生还在学习过程中，这是一个文献引用欠妥的例子。这位同事注意到这个学生是个退役军官，为人正直但学习吃力，因此认为并非有意抄袭。后来，这个同事免除了对这个学生"抄袭"的追究，但因其论文原创内容少，给了不及格，要求以补考的形式重交，以作警示。同事的这个判定也得到了 BoE 的认可。教育首先是辅助学生成长，因此"小题大做"绝非老师首选的教育方法。"惩戒"与"警示"之间的弹性就是为了避免轻易给个体学生扣帽子，但又要不失群体公正。

英国学校不仅赋予老师弹性管理的权力，也给予每个老师恪守公正的支持和保护。前面说了，英国学生成绩的确认一般经过三道程序：任课老师判分、校内成绩核对人抽样审核、他校审核人抽样审核。如果学生不服，就可以像巴斯这个例子里教授所建议的，向 BoE 提出成绩复议。有权提出复议，这是对学生本人的公平。而尊重评分过程中每个环节的独立性则是保证对所有学生的整体公平。比如几年前系里有个男学生学业一直优秀，唯独大三时因心浮气躁有一门课没考好，结果仅差几分即将到手的"一类"文凭要降到"二类"。这个学生请求这门拉分课程的任课老师提几分。这个学生在学生会任职，很多老师对他印象非常好，也为他说情，但判分老师拿出判分标准拒绝为其改成绩，因为这样做对其他学生就有失公允。最后该学生只拿到"二类"学位文凭。英国老师和中国老师一样，都有人情世故的本能，都希望自己的学生有好成绩，但花钱买不到分，托人也换不到学位，因为英国大学里更尊重职业的公正性与独立性。

至于造假、行贿等以非正常手段获取竞争优势的，在英国大学里一律是"零容忍"。比如有一阵子"土耳其"是学院招生办里的敏感词，因为我们屡屡收到通过土耳其中介递交的申请，很多名声响亮的推荐信经查实都出自莫须有的组织。学院秘书对中介造假的厌恶很大程度上源于这种行为，让她原本喜欢的工作变了味，发掘人才现在变成了猫鼠游戏。

国内有句老话叫："天下乌鸦一般黑。"即人性相通，所以有些社会弊病天底下哪里都是避免不了的，比如你看土耳其中介也会作假，西班牙学生也会抄袭，谁能说英国教授就不会受贿呢？这句话虽有些许道理，但不免有为自己随俗沉浮找借口之嫌。因此，有时候我觉得也许这句俗语有必要加上下半句，即"天下鸽子一样白"。有些社会优势是有累积效应的，比如保持职业荣誉、平衡制度与常理、维护学术独立等等。也许从个人的角度，我们没法去探究或者改变乌鸦的"黑"与鸽子的"白"，但至少每个人有能力，也有义务，去选择自己要走哪样的路，过怎样的生活。

英国学生的"幺蛾子"

回想起来我 20 来岁的时候也在忙着翘课,忙着制造"状况",翻过来看英国学生的那些"幺蛾子",我想这大概就是成长的乐趣吧!

"你说,这些学生他们都怎么想的呢?"这是我经常好奇的一个问题,年长的同事听了半开玩笑地跟我说:"这个问题不要琢磨,真知道学生每天都在想什么,你会疯掉的!"

在英国当学生是比较轻松幸福的,因为英国大学很讲究人性化管理,不仅会给残障学生提供必要的设施及专人帮助,而且,如上一篇所述,英国几乎所有大学的学籍管理都有弹性,会根据学生个人身体、心理、家庭及财务等具体情况,对学生的教学安排及成绩考核给予最大弹性的调整。之前提到过,和很多国家一样,英国大学深知学生才是自己的衣食父母,所以严格归严格,大学里从老师到后勤服务人员都会对认真对待学生的要求,向学生提供力所能及的方便与帮助。

刚来英国留学的时候，我发现身边的欧美同学经常因各种芝麻小事向学校提要求。我常感叹他们"胆子大"，而他们的逻辑则是："你不提出要求，怎么知道学校会不会答应呢？"当看到那些在一个中国大陆生眼里匪夷所思的要求有的被学校接受时，我多少也觉得似乎向英国学校提要求就像买彩票，你总得去碰碰运气。

等我做了老师之后，在兼顾学生间公平的情况下，我都会尽可能做个通情达理的老师。比如有一次，一个非欧盟学生因为要去伦敦某使馆补交年底出游的签证材料而没来上课，错过了对韦伯社会学的讨论，写邮件向我请假。这门课出勤是记成绩的，所以缺勤要么掉分数，要么需要老师批准。按道理讲，利用上课时间去捣鼓旅游签证着实不太合适，但为学生设身处地想想：在异国他乡，护照因为材料不齐卡在大使馆，谁又会不着急去补交材料呢？所以我给学生的回邮是这样的："也就是说你没来上课，而是去（使馆）亲历了一下现代官僚系统？我想韦伯是不会介意的，所以我批准了你的缺席。"寄出这封邮件，在学生的出勤表上签了字，自己都觉得酷酷哒！

但英国大学的通情达理也会被学生当成空子来钻，英国学生也会被英国大学给"惯"出各种"幺蛾子"来。

有一次下午路过学院办公室，碰见一位女学生申请调课：她要求学院把自己从周四早上9点的那个讨论组调到早上11点的那个组。院办秘书克莱尔询问其调课原因，这位女生说："因为我习惯赖床，9点的课对我来说太早，如果不调时间的话，那我不是会落下很多课吗？"虽然我深知西欧学生思维大胆、"没框子"吧，如此诚实的理由还是让我大跌眼镜。但这位女生并不觉得这是无理取闹，她还挺认真的，正如她自己所说，这是为了避免今后落下课呀！

克莱尔的面部表情让人读不出来是个什么意思，只见她大大的蓝眼珠在眼眶里转了一整圈，深吸了一口气，寻找最恰当的言辞来回应这种"坦诚的天真"。我日常也偶尔碰到类似让人哭笑不得的情况，尤其是大一的学生，比如他们请假，问及缘由，学生会脱口而出："因为爸妈好不容易都请下了年假，我们一家要出国旅行呀！"

只见克莱尔顿了一下，最后以平和又坚定的口气说："那么，今后你进了工作岗位，你是否也会对你的老板说：'我早上要赖床，上班时间要推迟到午饭后'吗？"这位女生顿时脸红，她犹豫了一下，撤回了调课申请。

我不由为克莱尔举的例子称赞，因为大学再"通情达理"，来上大学也是需要遵守必要的规范的呀！"与社会接轨"和"程序公平"是贯穿大学管理的两个最核心原则。比如，有时引导学生的最好方式是提醒年轻人自己将在社会上遇到的问题。课堂内的大学讲理论，课堂外的大学讲道理。课堂内，学生可以提出各种假想，但是得检验它是不是实情；课堂外，学生可以提出各种理由，但是得看这些理由是不是有道。有时候学生似乎不明白，也许你觉得和学校、和老师"耍个赖"无所谓，但作为成年人可以和自己的生活要赖吗？

至于"程序公平"，对于做事有板有眼的英国人来说更是第一原则。比如，在英国的留学生都知道，交作业的时间除了极特殊且有相关证明的情况下，几乎是不可商量的。一般开学第一天老师们就会叮嘱学生备份数据的重要性，这是因为每年总会有几个电脑在最后一刻崩盘的例子，数据没有备份的学生往往无法按时交作业，最高分数只能是及格。学生因此要求延期的，年年都会被驳回。因为管理数据是学生的责任，而维护程序公平（即每个学生都在相同时间内完成作业）是学校的责任，即便是再让老师扼腕叹息的例子也不能通融。

但你大概不相信，真想钻空子的学生，总会想到让你难以拒绝为他网开一面的法子。

期末的时候和同事贝蒂一起吃午饭，话题自然离不开判作业。贝蒂抱怨说，临近期末有五六个学生向她申请作业延期，理由居然都是他们的祖父或祖母刚去世。

我听说之后忍不住笑，因为我带的两个必修课程里也上演了很多类似的"苦肉计"，除了祖父母过世，上学期还有诸多"最爱的姑妈"或者"最亲的舅舅"忽然重病这些真假难辨的例子，数量之多实在让人哭笑不得。（同时我觉得做七大姑八大姨的真可怜呀！）

贝蒂对此很有些不平："虽然你明知道这里有人在撒谎，对于其他学生很不公平，但这么敏感的事情，作为老师又不好表示质疑。"的确，因为学院里没有明文规定，所以虽然老师有权为了一项单科作业而要求学生出示官方的死亡证明，但貌似有点小题大做，尤其正如贝蒂所说："这种事情似乎总遵循一种倒霉的规律，即永远是你怀疑的那个学生最后证明是说真话的。"——谁也不愿意去当那个给伤心的孩子平添麻烦的恶老师。

贝蒂说，她多半会准予延期，但她会在给学生的回复中费心思措辞，不仅表达安慰与同情，更想让那些可能撒谎的学生有点罪恶感。

贝蒂是做慈善研究的，所以多少坚信"以情感人"。而我则一来没有耐心去为这些学生研究精巧的回复，二来我觉得真正撒谎的孩子估计看到"同意延期"几个字之后就欢呼雀跃了，哪里还会把你的邮件看完？

所以我说："我有个鬼主意。我要求这学期所有因亲属疾患而申请延期的学生在交作业时必须同时附上父母获知延期缘由的签字。"这样至少对于说谎的个例，他们必须说服自己的父母做"同谋"。虽然我变相"找家长"这招是个折中的法子，但这多少显得我对学生的要求还挺"警惕"，因此贝蒂听了颇有些惊讶，她上下打量着我说："平时看你挺温和的，难道在学生面前你一直都这么严格么？"我说："不是啦，这是我针对这学期'死亡率'奇高这一情况的特别措施。"

每次和学生的各种耍赖"斗智"的时候，我都万分不解：怎么他们还像小孩子一样？上了大学，不都应该已经是"思想成熟"的大人了吗？不过再仔细想想，其实我 20 来岁的时候，也在忙着翘课，忙着制造各种"状况"，翻过来再看英国学生的那些"幺蛾子"，我想这大概也是成长与陪伴成长的一种乐趣吧！不过作为一个"曾经折腾过"的家伙，我有时也会希望和学生分享"过来人"的感触。

约书亚是我课上一个 20 岁的帅气男孩，也是翘课最多的一个。他很早就引起了我的注意，不仅因为课堂讨论时能感觉到他悟性很好，更是因为我很快就发现，他属于被我称作"优秀得很有节制"的那类学生。这种学生很有主见，如果选择用功就会很优秀，但他们好像不屑于追求全 A，成绩总挂在中上游。

虽然有的同事对于这些永远"潜"着的潜力股们常有恨铁不成钢的职业冲动，我倒觉得这类学生很有意思。也许因为我恰好是个责任心也很有节制的老师，我只想把书教得有趣，却无意辅导规划人生，我觉得学生选择这样处理自己的学业必然有他们的道理，只是我好奇理由是什么。

有一次讨论课后，约书亚主动和我搭话。他先是对上学期落下的课程抱歉，他说因为当时他正经历一个纠结的选择：一家会计师事务所给他提供了工作机会，当时他很想就此退学直接工作了。他和我解释这些的目的有二：第一是他喜欢我的课，因此不希望我对他有坏印象；第二是他认为我一定很高兴得知他父母成功说服他继续留在学校读书，"所以我不会翘那么多课了。不管怎么说，当今社会有个本科文凭大概还是很重要的吧"。

约书亚说他的纠结也并非一时冲动，"我父母总希望有一天我能够进大律所或者投资银行工作，我很讨厌按照别人的要求循规蹈矩地生活，我要自己选择的生活。另外，我也怀疑大学到底有什么用，从高中起就学文科这些东西，感觉大学只是一种更深入的重复而已。"你看，他确实是个优秀得有节制的男孩，当他感觉一个科目不再新鲜的时候，就考虑着如何跳到其他领域，选择不用功在他看来算是一种成本节约。

"当然，我知道很多科目我也没有学精，"约书亚自己想得很明白，"但这么按部就班的，我觉得有点，有点……"看着他努力地寻找恰当的措辞，我干脆为他补上了下半句："有点无聊。"约书亚一边点头一边惊讶地望着我，没想到我会这么直白。我耸耸肩说："这没什么，我也曾一度这么看待我的大学课程，我也想转专业，不按部就班地过活。"

约书亚很感兴趣当时我父母是怎么做通我的工作的，我笑着说："我的父母可比你的父母要酷一点，他们觉得不喜欢学就不学呗。反而是我当时觉得我必须把书念完，我还在外校辅修了其他我喜欢的课程。所以虽然大学期间我不是拔尖的学生，但我自认为是学到东西最多的学生。"约书亚瞪大眼睛说："那一定是因为你是个非常聪明的人。"

我说："我和你一样聪明，但我有个支付理论，即一个人的生活方式取决于他的支付能力，这不仅指财力上的支付，也包括'才'力上的。博采众长以后才可以从容支付各种而不仅仅是一种你喜欢的生活。"所

英国学生的"幺蛾子"

以在我这个"责任心很有节制"的老师看来，只要学生甘愿自负其责，什么翘课、逃学、整蛊、耍赖，或者自作聪明地探寻捷径，其实都无伤大雅。没有点"幺蛾子"，何谈青春嘛！而且谁说投机就一定取不到巧呢？但我会叮嘱学生的唯一一点就是我的这个支付理论，即要想缩短你和梦想之间的距离，就要看你做了什么，而不是你逃避了什么。

小城故事

老师和学生这两个世界在小城里的偶然交叉是我和同事们无尽的笑谈。

肯特郡因为地处英格兰小岛的东南角，避开了很多西北方来的寒流，气候温和，又三面环海、植被繁茂，常被称为"英格兰的花园"。这个郡里最著名的小镇，坎特伯雷，依然保持着其中世纪时期的轮廓，从地图上看，就像英格兰这个花园里的一枚蚕豆。这座世界文化遗产密集的小镇如今也是三所大学的所在地。

在这样规模适中的小镇上教书，好处是惬意。守在英国最古老的火车站边上，伦敦、巴黎这些大都市的资源都近在咫尺，又能回避大都市的嘈杂和拥堵。不太方便的地方是：在商店、餐馆等公共场合难免会被学生撞见。这让"为人师表"这四个字无时无刻不萦绕在我的脑子里，比如每次在超市里购买各种薯片、甜品及其他非健康食品的时候，我总会下意识地东张西望一下，确认周围没有自己认识的学生，再贪婪地向货架伸出手。

老师和学生这两个世界在小城里的偶然交叉是我和同事们无尽的笑谈。这倒不完全是担心被学生发现我们吃零食的习惯，或者发现原来我们会把他们的作业拿到咖啡馆里去判，而主要是因为学生们，尤其是大一新生，貌似总把老师想象成不食人间烟火的外星人，每次在公共场所撞见我们的第一反应都是"一愣"，潜台词好像是："你怎么会出现在真实生活里？"

我们的图书管理员艾玛说，有一次她下班去一家酒吧独自小酌，忽然进来三五个嬉闹的年轻人，看见她都一怔，其中一个惊得有点结巴："咦？你，你不是我们的图书管理员么？"艾玛说："对啊，你们不是上周来做文献查阅辅导的学生吗？"学生们机械地点点头，然后支支吾吾地找了个借口相互推搡着出门了，好似来错了地方。学生的尴尬倒让艾玛不知所措，等他们走了之后，艾玛还自省了一下："咦？是我点的酒品不酷吗？坐姿不对吗？"其实学生只是想不通"老板，来半品脱的啤酒！"这种事怎么会发生在一个图书管理员身上。

但这还不是艾玛最尴尬的经历。最"囧"的是去年万圣节，晚上艾玛和朋友们约好一起参加化装舞会。她特意选购了一身"霸王龙"的行头：是那种戴头套的，脸部正好通过霸王龙张开的血盆大口露出来，前面还有一排大牙，行头的后面拖着个大尾巴。在家里着装完毕，天色正好擦黑，艾玛就用她的"龙爪"勾上小包，半跑半跳地拖着个大尾巴穿过小城到和朋友约好的地点集合。

艾玛在笨重的行头里逐渐适应，在小巷里加速前进，途经各色历史古迹，好似体验飞越时空的快乐。谁想刚转过街角，猛然撞到几个学生。街灯下，学生们无比错愕地瞪着眼睛，警惕地盯着那一排道具牙后面的艾玛……这之后从"霸王龙"喉咙里传出来的一切抱歉和解释的词语都无济于事,乔叟那著名的《坎特伯雷故事集》这次注定是要被学生们加进新篇章了!

但也并非每次课堂外的碰撞都会是做老师的才觉得尴尬,和学生同住在一个小小的城市里,有幸的或不幸的,有时候你也会亲睹他们的"囧"态呢!

这要从我们刚搬入坎特伯雷说起。当时我也刚入职,新同事纷纷表示欢迎,向我讲述在肯特大学工作的各种好处,尤其是我刚经历过在伦敦、巴黎、纽卡斯尔这些大城市的喧嚣中的无序生活,好几个同事都拍着胸脯信誓旦旦地跟我说,相比之下坎特伯雷这个小城的治安绝对是一等一的好,因为这个小城的人口组成基本就三类:学生、老师,还有搬来安度晚年的老人。

这话确实不假,因为住在我们隔壁房子里的,就是两个女学生,不过她俩不是肯特大学的学生,而是小城另一所大学的在校生。除了我们和这对女学生之外,在我们当时租住的那条小街道上的人平均年龄大概得有70岁了。虽然坎特伯雷是欧洲的旅游重镇,每天早上10点,随着由英法海底隧道开过来的旅游车的陆续抵达,小城很快就人声鼎沸了,窗外法语、德语、英语、意大利语交错,好不热闹,但每天下午五六点钟的时候,随着"一日游"的旅游大巴陆续返程,小城很快就安静下来。住在诸多退休老人中间,你绝不用担心邻居会热衷于搞"午夜狂欢"制造噪声。白日喧哗热闹,夜晚寂静安逸,对于一个学者来说,还有比这更完美的生活环境吗?

但偏偏在我们搬到坎特伯雷的第一周,就发生了这么一件事:周六凌晨1点左右,我和小巴被一阵急促的敲门声吵醒。我俩跟跟跄跄地跑下楼开门。门口站着一位全副武装的警察先生，狭小的街道上还停着几辆警车和救护车，虽然为了避免扰民，警车未开警铃，几个警官在我家和邻居家的院前尽可能小声地忙碌，但警灯和手电筒闪烁，依旧刺眼。

站在门口的警官一脸严肃地问我们："请问你们今晚是否受到过什么骚扰？"

其实被他们的敲门声"骚扰"之前，我俩睡得正香，所以听了这个问题，我俩更是迷糊，连连摇头。

警官侧身指着身后正在被医务人员用担架抬上警车的一名男子，问我们："请问你们认识这个人吗？我们有证据怀疑他今晚以非正常方式企图进入你们的房子。"

"啊？！"我俩顿时就清醒了一大半。

看着我俩睡眼惺忪傻乎乎的样子，警官又好气又好笑，他深吸一口气，耐着性子跟我们解释说，原来子夜的时候，他们接到住在隔壁的那个南美裔女留学生的报警。这个女孩是个夜猫子，过了凌晨还不肯睡觉，戴着耳机听摇滚乐，听到高兴处，无意中掀开窗帘角往外一瞥——呀！正巧看见一个身着白色短袖衫的男子正在我家一层房檐上爬行，并弓着身子貌似在企图移动砖瓦！再一看，他已经接近我家二楼洗手间的窗户了……

入室盗窃！这是女孩的第一反应，她马上蹲下身，熄灭台灯，以免被小偷看见，并掏出手机拨打999报警，同时唤醒室友。两人在黑暗中静等警察救援。

一般这种时候都会觉得时间过得特别慢，但是这次时间好像真的是特别慢，这么小的城，警察居然迟迟没来。

两个女孩坐在黑暗的屋子里从窗帘后窥望外面的事态发展，更埋怨我们一点觉察都没有。其实我和小巴的卧室在房子的另一侧，所以整个过程我们什么都没有听见呀！过了一阵子，两个女孩忽然听到自家楼上有声响，有人在房顶上方慢慢移动，想来白衣男子已经从我家的屋顶跳到她们俩的屋顶上了！两个女孩更加担心，不知这个陌生人究竟有何企图。俩人正在犹豫下一步该怎么办，只听——

"嘭！"

一声巨响，白衣男子失足坠落在屋前草坪上，四仰八叉地躺在那里，嘴里嘟嘟囔囔，一看就是喝多了。这时候警车恰好赶来。警察首先制服男子，确认其并无明显受伤，取血样，判定其酗酒但无毒品摄入。警察问他叫什么，酩酊大醉的男子嘴里支支吾吾地说着谁也听不懂的外星语，问他年龄、家住在哪里，男子也糊里糊涂的。警察只好叫救护车，将白衣男子架出事发现场。

警官的讲述如同广播剧，让我和小巴听得惊讶不已——不是说坎特伯雷治安非常好吗？怎么搬来不到一周就碰上"飞贼"了呢？

而这时候我们那热爱摇滚乐的邻居也披着外衣走了过来，看着她那恼怒的样子，想来她也是一夜惊魂。果然，她没好气地向警官抗议说，为什么报警之后，大概1个小时之后警察才姗姗而来？

警官一脸尴尬地解释说，在报警电话里，女孩说我们住在××路，可小城附近一共有两条路都叫这个名字，女孩电话里也没说清楚便挂了，而今天这件事大概是警察先生记忆中自1994年以来，我们这条街上发生的第二起"意外"，恰恰是因为这里治安好，所以在不知到底是哪条街的情况下，警察便选择先去另外那条同名街道访查。

还好，除了嫌疑"飞贼"自己之外，并无人员或财产损伤，我们也就原谅了英国警察的这个"错误"。救护车开走之后，两名警员留下勘查现场，发现了他在我家垃圾桶盖上留下的脚印——想必，他就是蹬着花坛和垃圾桶爬上的屋顶！看着我家刚换的新垃圾桶盖不仅上面有个大鞋印，还被踩凹陷了，我不由责怨，这"飞贼"居然一点轻功都不会，一看就知道只会使蛮力呀！

过了两天，警察回访，告诉我们，因为落在柔软的草坪上，白衣男子并无大碍，而且在第二天他酒醒之后，他们很快就成功"破案"。原来那个白衣男子并非什么"飞贼"，而是我们肯特大学的大一新生！这个18岁的大男孩第一次离开父母管制，简直不知道该如何享受长大成人的自由，所以周末和同学泡吧的时候，逞能多喝了几瓶啤酒。而这位小哥还是一名攀岩爱好者，醉酒从附近的酒馆出来，拐过路口，看见我家老式房屋建筑结构错落有致，一时兴起，就把我家当他的训练场了！

或许恰恰是前文提到过的刻意保持距离的英国师生关系，才使得这类小城故事显得尤为尴尬滑稽。虽然我们特别好奇关于这个攀岩小健将酒醒后的更多八卦，但也没再多追问；正如同若是学生在超市看见我贪婪采购零食或在酒馆看见艾玛畅饮一样，即便我们主动搭话，学生也会匆匆"逃离现场"。英国人似乎天生习惯于扮演自己的各种社会角色，一旦出了既定角色的戏路，他们就会立刻不知所措。就好比老师与学生像两辆同在小城里行驶的碰碰车，难免会碰撞出欢乐糗事，但这让英国人感觉更像是自己误入禁区，便忙局促不安地跑回熟悉的轨道，哪里还会在这些意外的生活交集的现场逗留？即便再好奇，那些尚不清楚的糗事细节就全都留给想象吧！

大同显小异

爱子心切是全世界不变的道理，但正是在诸多相同之中，那些细小的差别也就尤其值得寻味了。

又到9月底，英国大学新生报到的季节。别看印象里似乎西方家庭更注重锻炼子女的独立自主能力，但我看爱子心切是全世界不变的道理，因为每年这个时候，坎特伯雷这个小城的各个街巷随处可见父母带着稚气未脱的子女熟悉当地情况，他们或是专程送子女上大学，或是在开学后第一个周末赶来探望，但少不了带子女试吃各种餐馆、逛街购物、观光各景点。各种独立艺人抓住时机用拿手技艺吸引看客，街头巷尾欢快喧闹的演奏声不绝于耳，美食与手工艺小贩也把摊位布置得格外诱人以拼抢生意——不知道十七八岁的学生们初次踏上大学之旅是什么感觉，但作为一个旁观者，我觉得因为热情慷慨的老爸老妈们的驾临，似乎圣诞节都提前到来啦！

新生报到季，家长比学生还忙活似乎是英国的一种全国性现象，不然"是否应该亲自送孩子上大学报到"这件事就不会成为 BBC 广播里近年的热门话题。社会上自然有声音开始提醒广大父母的这些"溺爱"对大学生的影响。比如前一阵广播里就采访到一位呼吁家长"放手"的女活动家。她也是一位母亲,不过她的女儿上大学她只送到家门口,连去火车站也要女儿自己想办法解决。让我略感惊讶的是,她特意提出反对家长因担心子女伙食不好,而定期去学校"探班"甚至变相陪读的行为——看来这是全世界父母的"通病"呀!她的理由也有趣,其逻辑很多国内的听众都会觉得很熟悉:"我们那一代父母从没有管过我们啊,刚上大学不会做饭,我们不都是吃方便面过来的?而'饿'到一定程度,就自然要主动去学做饭了。如果家长老是无偿提供小灶,年轻人永远也学不会照料自己的饮食呀!"听着这位英国母亲在广播里高声力辩"自理能力是饿出来的"道理,我不由大笑,可见英国也有"虎妈"呀!

总之,欧洲家庭中父母远没有想象中的"洒脱",子女也远没有那么"独立",这和中国家庭其实挺像的。虽然不会像国内曾报道的安徽一家几代 15 口全面出动送一个孩子上大学那么壮观,但对于英国家庭来说,子女上大学也是一件全家参与的"集体项目",比如上什么大学、学什么专业、选择怎样的住宿安排等等这些决定,不完全是学生的"个人选择",而是家庭成员互相商量的结果。正是在诸多的相同之中,我在执教过程中发现的那些细小差别也就尤其值得寻味了。

英国父母对子女大学生活的介入从择校就开始了。这里需要先解释一下英国大学的录取机制。和欧美很多国家一样,英国没有一考定终身的高考制度,而是类似美国 SAT 制度的 A-Level,学生可以自己决定什么时候参加考试,成绩不满意还可以重新考;学校的录取工作也是全年滚动的，可以有条件地录取，开学前还有补录（clearing）的机会。学生和学校双方都有相对长的相互选择的时间。因此择校这件事对于很多家庭来说可长达一年，甚至是两三年。

因为是双向选择，招生也是英国各个大学的重中之重。除了有定期的校园开放日及提供预约校园参观服务之外，大学每个季度都会设置几个 UCAS（英国全国高校招生机构）访问日，接待通过 UCAS 申请的学生和家长。这不仅是帮助学生做出入学选择，从学校的角度，这也是展现实力吸引优秀学生的好机会。大学都会特别重视这类咨询会，注入财力和人力，每个专业都有任课老师和学生及其父母共进自助午餐，和申请生座谈及在茶歇时回答学生与家长的问题。每次在 UCAS 访问日，我们学院的院长都会代表所有的老师对申请人及家长表示欢迎，并对我们的学院概况做一个介绍。介绍过程中，院长会自然而然地提到社会学方面的很多经典教材都是出自我的同事们之手，申请人来到我们学院就读的话，就会读到这些书。说到这里，她会以英国人特有的风格，淡淡地跟进一句："当然了，如果你去别的学校就读也会读到这些书，只不过不会是作者本人在教你而已。"英国大学还会特别在意发动在校学生当志愿者，让他们或出任校园指引，或在来访家庭前"现身说法"谈学习感受——老实讲，虽然每次我和同事都会发动魅力攻势，向来访家庭展示我们学院的教学质量，但老师再多的言辞往往都抵不过一个谈吐大方、举止得体的在校学生的说服力。

在这些开放日的活动中，绝大多数情况下都是父母带着自己读高中的孩子来的，只有一小部分学生是和同龄人结伴而来。虽然一般都是学生自己和老师进行交流，家长很少喧宾夺主，但我仍忍不住问同事："在英国上什么大学和报考什么专业，更多是家长说了算还是学生说了算？"从事教学小 30 年的同事说，这事确实很奇怪，其实哪怕是 20 世纪 90 年代的时候，绝大部分英国学生都会觉得家长决定专业，甚至开放日带自己家长出席都是让人笑话的事情，可最近几年，英国家长参与的比例明显增大，学生好像也乐于跟家长讨论升学选择。

记得我第一次接待学生和家长的时候，我也不清楚申请生和家长一般都会关注哪方面的信息，但以咱中国人对择校的朴素理解，我想最重要的应该就是名气与实力吧？这点倒是简单，因为虽然肯特大学校龄只有 50 年，但却是 10 年来在英国 100 多所大学中排名上升最快的大学之一；而在社会学研究领域方面，根据 2014 年最新的高校评审结果，我们的科研实力可是全英第二哟！因此，我事先特意找到并记下了很多关于我们学院的数据。

其实接待日当天，这些数字本身并没有派上太大用场，我发现原来英国的学生和家长关心的并非仅是学校或院系的名气，他们其实更关注学校和个人及家庭情况的综合匹配度。除了"学校对有特殊学习需求的学生提供哪些辅助""城市配套生活和娱乐设施如何""附近文化氛围如何"等这些和学习生活相关的问题之外，我发现家长们其实也特别关心交通问题，比如学生每周坐火车回家是否需要换车，高速火车需要多长时间，等等——当然在谈这些问题的时候，在一旁的子女则表情各异喽！

不过在我准备的诸多数据中，倒是有一项很有用，那就是毕业后的就业率！和中国家长一样，不少英国家长虽然尊重孩子的选择，但也十分关注就业前景，尤其近几年英国大学学费大幅增长之后，更多的学生需要依赖家庭储蓄入学，家长自然更在意自己的"投资回报率"。英国家长也担心社会科学太"软"，不好找工作。但在听说我们系毕业半年后的就业率高达 95%，很多家长一下子就放心很多。说实话，这个数字甚至超过了一些商学院，其实我都有点惊讶。但学校里就业中心的同事告诉了我一个有趣的现象：其实随着专业划分越来越细，很多岗位的特殊性越来越强，面对本科毕业生，英国不少用人单位更看重求职者的"可迁移技能"，而社会学这类"软"学科因为涉及很多职业都会用到的核心调研与分析方法，其就业的弹性反而很大呢。

如果说家长们的问题让我感叹天下父母心真的很相似，学生的各种提问则让我颇有些佩服，因为他们关心的问题也很具体："平均每个学生每周需要学习多长时间？""我每个学期可以选几门自选课？跨系选课手续麻烦不麻烦？""授课老师每周能有多少时间给我一对一地辅导？""大三最后一年我一定要做论文么？可以选课程代替吗？"甚至有些学生会仔细到问每门课的作业和考试成绩分别占总成绩的比例！这可真是个很精明的问题，因为有些学生善于考试，有些学生则更擅长做项目、写报告，但英国大学毕业证书按成绩分四档，为了得高分争取拿到"一类"的成绩单，自然要知道课程设置是否有空间让自己"扬长避短"。

我真的很佩服这些十七八岁学生会"算计"，因为别说上大学了，就是我大学毕业申请英国研究生课程的时候，好像都没有像他们一样想得那么细，似乎当时申请学校也就是看看排名，读读专业简介。我不觉得这完全是因为境外与境内申请人的区别，而是我根本都没有这些意识，换句话说，就算是"算计"，我都不知道有什么是需要计较的。我想不少中国人会和我一样，因为我们习惯性地认为读取学位是索取一种认可，给自己赚取一个标签，如此想来，那标签自然是越有名气越好。但从这些欧洲学生那些事无巨细的问题中能看出，他们其实是很认真地在设想自己的未来三年生活。确实，在哪里度过自己几年最美好的时光，不是一个排名或者一个数据就可以被说服的，而需要根据自己的特点"量身定夺"。

当然，也许你会说不好这么比较，因为国情不同。中国竞争激烈又要兼顾公平，因此大学的名气有时可能会决定人一生的机遇，而欧美社会大概更多元化一些，所以年轻人在选择上自然有更大的空间。但是，是我们社会的选拔体系造就了几代人单一的价值认识，还是我们狭窄的价值取向造成了社会独木桥式的成才与成功途径，这个问题就如"先有的鸡还是先有的蛋"一样，个体思维和大局情况总是相互作用的。有时那个可以将我们推向"多元社会"的动力源，或许未必就来自于"体系"这个庞然大物，而来自于我们自己是否会给单一的价值考量松绑。

如果让我说欧洲国家和中国家庭在代际沟通上最大的不同的话，那就是我发现在很多欧洲国家家庭中，真的没有什么是一定"值得"考虑和"不值得"考虑的。比如住在我家对面的英国邻居。他们是典型的中产家庭，母亲杰尼斯在慈善机构兼职，父亲鲍勃是英国小有名气的隧道工程师，儿子罗伊德是个学习不错又特别善于助人的小伙。自打几年前我们成了邻居，我们就知道罗伊德特别喜欢法律，也特别喜欢政治学，希望以后参与肯特郡的地方政治，当议员。今年罗伊德也到了要申请大学的年龄，全家驱车参加不同学校的开放日活动，"货比三家"成了他们一家三口今年周末的主要活动。

圣诞节前有一次杰尼斯特意来我家，说罗伊德在申请大学上有些拿不准，既然我和先生小巴都在大学教书，尤其小巴还是做国际政治学研究的，能不能让罗伊德直接来和我们聊聊。我们当然表示欢迎，并约好那个周六下午可以来我家吃点心。杰尼斯也未再多说她儿子究竟对哪些事情拿不准，我俩也没多问，因为我和小巴在学校接待过的学生太多了，凭经验，我们猜罗伊德大概不知道应该选择什么样的专业（法学？政治学？抑或国际关系？），应不应该选择双学位，或许他还会想知道这些专业的就业前景如何。

周六下午在约好的时间，罗伊德在父亲鲍勃的陪伴下来到我家。英国人很可爱，虽然不过是街对面的邻居，且不过是周末的下午来家里小坐，但罗伊德和鲍勃仍然穿戴得整整齐齐的，以示礼貌。

入座后，罗伊德的第一个问题完全出乎我和小巴的意料——"我最想知道的是，我应该去读大学吗？"罗伊德也并非异想天开，他说他的理想是从政，从政总是需要基层经验的，祖辈们留给了他一份小小的遗产，现在上大学那么贵，而且本科生的就业率也不怎么高，他要考虑是把这份遗产投资在大学文凭上呢，还是应该把它作为启动资金，现在就在地方机构找工作，从底层做起积累经验和人脉呢？

在罗伊德的叙述过程中，我忍不住瞥了一眼鲍勃。以我们对鲍勃夫妇俩的了解，他们当然会认为自己的儿子要去上大学啦，不过罗伊德的这个困惑倒没让他觉得尴尬，鲍勃歪着头认真地听儿子把自己的道理讲完。作为学术人，我和小巴自然觉得上大学是个想都不用想的问题！但鲍勃对儿子这个想法的耐心让我和小巴也对这小子的疑问严肃对待。我们跟罗伊德说，很浅显的一个对比是总会有人说后悔没上过大学，但是很少听人说后悔自己上过大学。虽然工作后再返回大学校园的例子很多，我们也教过不少这样的学生，但对于学生来说，重返校园的挑战性是很大的。不过，空口无凭的教条在年轻人面前是没用的，小巴搬来笔记本电脑，翻出最近的就业率调查、不同大学毕业生收入统计等数据。罗伊德说他会考虑申请大学的事情，鲍勃倒也给儿子足够空间不再追问。临走时，鲍勃半打趣地转身跟我们说："从政？看来我儿子没指望大富大贵了，不过努力的话，这小子总会过不错的日子。"

我想父母对子女最大的尊重就是不论他们的想法乍听起来多像个"伪命题"，也依然能把他们当作理性负责的个体，倾听并努力理解其逻辑，并在这个过程中帮助其找到自己满意的解决方案。在父母帮助子女择校的问题上，我的意大利朋友安吉拉也是个好例子。

安吉拉是我在法国社会科学高等研究院工作时的同事，听说我是伦敦政治经济学院（LSE）毕业的，就马上邀请我周末到家里吃饭，因为她的大儿子安德亚第二年要申请大学，而 LSE 是其目标学校之一。和中国的"虎妈""鹰爸"一样，她可不放过任何为儿子提供留学建议的机会。

安吉拉是个人类学学者，先生是法国顶级大学里的化学教授，三个儿子都在巴黎的国际学校上学。周末我和先生小巴来到安吉拉位于塞纳河畔的老式高敞的公寓，最小的儿子不会说英语，为表示欢迎，就不停地把各种零食送到我们面前。大儿子安德亚开始有点拘束，在大人的督促下才腼腆地问："你们认识联合国的人么？"我和小巴被问得有点糊涂，他爸爸解释说因为安德亚这周学校的作业是要写一篇关于联合国如何运作的小论文，想找相关人士采访，为让儿子圆满完成作业，夫妇俩也一直积极挖掘他们在学术界的人脉资源呢。

打破沉默之后，安德亚逐渐放松起来。他是个有趣的中学生，知识面非常广，喜欢历史，掌握四国语言。他做过一个音乐网站，靠点击率获得的广告收入就不菲。他还是学生橄榄球队的主力，为了球赛，他每周要在紧张的学业中抽出三个半天来训练。和全世界的老爸一样，谈起儿子，安吉拉的老公不无骄傲地夸赞说："当我看到他在球场上敢于单挑比他强壮两倍的对手，真的很佩服！"

在这个 17 岁少年身上，处处能看到他父母的苦心：那个暑假，安吉拉帮安德亚报名去阿拉斯加参加夏令营，安德亚喜欢美国，所以很高兴。安吉拉说，这其实是她"逼"儿子进一步提高英语的好办法，因为在欧洲即便有外语交流的机会，大部分情况下安德亚都能通过意大利语或西班牙语进行沟通，从而"偷懒"不练英语。"而美国人基本不会任何外语，你只能和他们讲英语。算是安德亚去英美留学前的锻炼吧。"

说起安德亚留学，安吉拉和她老公都有点无奈，因为法国精英学校只看成绩，不看特长，像安德亚这样全面发展的学生很吃亏，而英美名校却喜欢多才多艺的学生。安德亚说他要学政治学，最希望去纽约，第二选择是伦敦。对此安吉拉夫妇很是矛盾，一方面他们尊重儿子的选择，另一方面他们又希望儿子在伦敦，"因为离家近啊，我们一个小时的飞机就能去看他啦"。

10 点多的时候，安德亚抱歉说他要去睡觉了，因为他第二天早上 6 点就要出发参加球队训练。而安吉拉夫妇则一直留我们畅聊到子夜。临别时，安吉拉自我提醒说，睡觉前她要准备儿子第二天的早饭——看来真不是只有中国家长围着孩子转。

我们经常津津乐道于比较中西方父母如何不同、中国和外国孩子如何不同，但其实父母心、子女情，抵触应试、重视就业，不都是共通的吗？不论中国还是西方的家庭，在踏入大学校门这件事情上，不同样会针对现实精打细算吗？但这里也有些许不同。不论是罗伊德还是安德亚，他们的生活虽然少不了父母的"帮助"，却可以没有父母的"影子"，比如，安德亚业余打橄榄球是出于爱好而非秉承父命，建立音乐网站也是兴趣所致，而罗伊德想从政这个主意既非来自理科爸爸也非来自文科妈妈。虽然不论是罗伊德还是安德亚，他们的父母都可算是无微不至，但他们还是在走自己的路，摸索着自己想要的生活。也许正是因为大部分的相同，才使得这些小小的不同更值得我们思考吧。

择业的想象力

十七八岁，人生刚刚开始，也许比撞对专业更重要的，是把通向未来的路径拓宽。

　　寥寥几千字自然没法把欧美家庭的亲子关系写透彻或者写全面。在前面一篇讲述了我和欧洲家庭接触的一些印象，即欧洲家庭似乎在子女择校与择业上更坦然放松。当然这并非说欧美学生都被梦想引路，生活浪漫如田园诗。他们也非常实际，北美学生尤其如此。记得一个美国朋友告诉我她坚决拒绝了一个波兰男孩的追求，理由？因为那个男孩硕士毕业之后仍一心想成为英语界作家。"他足足有 26 岁了啊！而且英语根本不是他的母语！"我的朋友激动地挥动着胳膊以表达她的不可思议，"天哪，为什么这些欧洲男孩都在为所谓的梦想闲晃？在美国，如果一个男孩子 22 岁还没有具体的人生规划的话，根本没有女孩会多看他一眼！"只能说，相比国内微博调查显示"近一半人从未仔细想过自己的喜好，而单纯遵循父母意见"，欧美学生，如我上篇所讲，往往会采取实际行动将梦想最大限度地照进现实。当然，并非每一个"外国"家庭都是如此。每个社会都是由形形色色的人组成的，国外自然也有固执而又独断的老爸老妈，在人生道路选择上，"外国的"年轻人也会受其困扰和牵制。

周二下午我刚要离开办公室，电话铃忽然急促地震响，当时都 5 点多了，有什么事情不能留在第二天说呢？拿起话筒，对方说是经济系的，我就立马对电话内容猜出个大概齐：我辅导的一个大一新生，穆罕默德，正在读社会学与经济学双学位。在我辅导的 5~6 个大一新生中，我对穆罕默德印象很深，因为在开学的第一个月，他就因为感觉数学吃力希望调到难度低一级的课程而给我写了好几次邮件问询，但调了课好像问题依然没有解决，为此我们还见面聊了聊是不是学习方法的问题，我想这通电话应该也是关于穆罕默德的学业进展吧。

电话对面的同事说，第一批考试成绩出来了，穆罕默德最近数学得了零分，基础经济学得了 20 分，而其他科目也不甚理想。那位老师很认真地查了他的学业记录，发现他几乎全勤，而且作业完成认真，只是实在答非所问，即便调到再低一级的课程，估计也难通过。那位老师说："听着，我很喜欢这个男孩，他确实努力了，但很遗憾，他明显不是学经济的料，我看他在社会学系的功课还不错，你能不能帮我点醒这个学生？"

我说当然了！因为作为指派的学术指导老师，我有责任跟穆罕默德坦诚地谈谈，并告诉他从学术上看，他的最佳选择是什么。我很快约见了穆罕默德，我和他分析说，目前对他最有利的选择自然是主动向学院申请，立刻转为社会学单学位的学生。因为对于读双学位的学生，如果第一学期就发现自己不适合读双学位，申请第二学期转为单学位，既可免去第二年补学分的麻烦，且及早转入恰当的学位学习，对今后的毕业成绩自然更有利。而且转学位是件需要层层审批多方协作的事情，因此经济系的同事决定尽早跟我通气，确实是出于好心，为了避免因手续问题耽误他的学业。当然，他还有第二个选择，就是被动地耗着，因为对于攻读双学位而在其中一个学位领域中几门功课都挂科的情况下，学校会在学年末要求学生重新读一遍大一或者转学位，不过若被动转学位的话，二年级时需要补一部分大一的学分，会给他本来就很紧张的大二课程平添一份负担。

　　作为老师，所能做的，也只有把学生所有的选择与其分析清楚，但是否放弃双学位中的一个，最后还是要学生自己决定。穆罕默德一脸愁容地离开了我的办公室，他会不会"执着"地选择继续在经济系煎熬，我还真拿不准。因为每年学校双学位的学生中总会有几个，其中一门学科非常糟糕，另一门却特别好的"奇怪"现象。你和这些学生聊天就会发现他们的经历中有相似点：学生自己很喜欢某学科，比如社会学、历史或者哲学，但家长坚持让学生学经济、心理等这些传统观念上比较好找工作的学科，因此部分双学位是家庭分歧妥协的结果。但由于兴趣、基础或个人才智倾向的差别，每年总会有几个学生发现自己在父母偏好的学科里吃不消。学生往往自己都巴不得转学位，但同时又会担心让父母失望，只好硬着头皮学完第一学年，直到成绩单上挂满了红灯，强制转系。虽然避免了和父母的冲突，但二年级时因要补部分课程，学业负担比其他同学重，这些原本可能获得很好文凭的学生最后的毕业成绩一般也不甚理想。

　　过了几天，穆罕默德告诉我他决定继续攻读经济学，虽然他烦死了数学，但如果他退出经济系，他的父亲会非常生气。作为老师，我只能尊重学生的选择并鼓励他争取下次考试及格，但我却着实为穆罕默德感到遗憾。这种学生虽然不多，但每年新生中都有类似穆罕默德这样的例子，他们的人生还没开始，就已被推到别人设定的轨道了。尚不论一个挣扎在及格线的双学位和一个成绩优异的学位究竟哪个更有择业优势，仅仅把最好的年华用来勉强应付一门"应该"学的学科，而非自己喜欢学的专业本身，不论是对于家长还是学生都是一种错误的"执着"。

这样的例子大概每个人身边都有几个：在"饭碗"的框框下，把自己束缚在貌似"摸得着"的专业里。先生小巴也有个读政治学与经济学双学位的英国学生泰德，因为经济学科目不及格的数目太多，差点被学校开除，但好歹转为政治学单学位。虽然很不光彩，泰德本人可高兴坏了，他说本来他就只对政治学感兴趣，经济学是当年家长出于就业考虑而强迫他加上的。虽然冒着被踢出校门的风险拖沓到学校采取这一强行措施，但他终于圆了自己的求学梦，又规避了和父母的正面冲突——啊，感谢上帝！看着学生的窃喜，作为老师真是很无奈。

有时候我觉得能否选择学习自己喜欢的专业、闯荡属于自己的职业轨迹是一个跨越文化的世界性难题。穆罕默德和泰德的苦恼我想在很多中国学生中也会引起共鸣。2012年春天的时候，国内微博上出现了以"如果不学××，我想做个××"这样的句式，热议个人所学专业和梦想之间的差距：如果不学新闻，我想做个理发师；如果不学生物，我想当个赛车手；如果不学 MBA，我想做个糕点师；如果不学医，我想做个流浪诗人……

据说这个"如果不学"体在八〇后中引起的反响尤为强烈。因为当年的高考填报志愿好像和梦想没什么关系，似乎更多是为了达成父母的心愿，为了单纯就业，或者为了技巧性地进入"对"的大学。那句豪迈的"走自己的路，让别人说去吧"，在很多人的现实中成了"走别人的路，让自己吐槽去吧"。

问题的实质其实是在梦想与现实之间找平衡。在这个问题的应对上，我觉得家长的迥异态度倒不在于什么文化差异，因为如上所述，不仅中国家庭偏爱应用科学，很多西方家庭也有非常实际的求学／就业观。开明与保守的父母之间的差异，不如说是一种"时差"。如果说开明家庭的思维模式是"梦想照进现实"，用"未来时"引导"现在时"的话，那么如穆罕默德与泰德这样的家庭培育模式则是用家长"过去时"的经验影射到孩子"未来时"的择业观上。那就无怪乎"现在时"里就只剩下"如果不"的无奈了。

你知道我本不该成为社会学学者的，我本应成为一名医生，因为我的整个大家族里都只有两种职业：医生和计算机工程师。从小到大我就认为天底下只有这两种职业是"有出路"的，而软科学，比如社会学，那简直就是失业的代名词啊！可以想象当时我转做社会学曾引起家族里怎样的担忧。但当我发现原来社会学可以让一个人踏上政策讨论的舞台、参与工业标准的制定、进入文化艺术市场甚至体育传媒界之后，我才意识到原来它真正的天地比医院或软件公司要宽广多啦！而有一次回国探亲的时候，堂哥和我讨论他儿子长大后应该学什么专业，他还执着于经典择业的"老三样"：医生，律师，还是金融？我反问小侄子他自己想长大后做什么。堂哥说："他哪里知道？他才10岁啊！"我说："对啊，这问题讨论尚早，难道从10岁就告诉他他以后应该去做什么吗？"这种中国式家长的操心确实太早，想想看，社交媒体开发、地理认知学、生物数学、合成生物学等等都是10年前闻所未闻的科目，谁晓得 10 年后又是怎样的形势，难道家长真的有资格去引导孩子择业吗？

对于这个世界难题，我倒有个解决办法。套用社会学家米尔斯"社会学的想象力"的概念，我们大概也需要一种将日常经验与社会种种职业角色关联起来的思考方式，即一种"择业的想象力"。大学本身对这种择业想象力的培养有直接关系。比如大部分来读社会学本科的学生，毕业之后都不会成为"社会学家"，绝大部分甚至都不会做和学术相关的工作。那他们在大学三年期间能学到什么对以后职场上有用的东西？莫非只是换一纸文凭么？

有一次在开放日的交流中，有一个女孩子直截了当地问我："社会学到底是做什么的呢？"我忍不住撇撇嘴："这可是个著名难题，因为当代社会学内容极广，十个教授大概会给出十一个答案。任何有关人与人的关系结构、行为与活动模式的都可以涵盖在社会学里面。比如，伦敦去年为什么忽然发生集体暴力？为什么被诊断为多动症的儿童逐年增加？为什么澳大利亚的一支牙刷也许需要为南美洲的海啸负责？智能手机都改变了我们哪些生活习惯？为什么真人秀的电视节目收视率总是那么高？这些都是可能出现在课堂上的问题。"小姑娘边听边点头，她爸爸在一旁忍不住说："社会学还真有意思！"

毋庸置疑，那是那天我听到的最让我开心的话。我乘胜追击地跟那对父女说，你知道学习社会学的最大益处不是你学了哪些知识点，而是你能收获许多各行各业都视为关键的"可转移技能"（transferable skill）。比如，社会学基本方法中的田野调查和"民族志"基本撰写方法其实是现代商界很追捧的市场调查方法，而貌似枯燥的文献综述正是大多数咨询机构寻找的整合、分析信息的技能。这不仅能提高他们的就业率，而且能让他们在今后的职场上一遇到问题，马上就能找到解决方法。

绝大部分人都熟悉"授予鱼不如授予渔"的道理，即传授一种知识（鱼），不如传授一种方法（渔），但仍依赖于传统分科教学的高等教育，似乎需要对这条理论进行升级。我总结为"授予渔不如授予逾"，即传授在某个领域的方法，不如传授这个领域的方法如何移嫁到不同的领域中。这大概是教育"逾越性"最简朴的一层意思吧。

大一新生入学的时候，我问我的学生为什么会选择学社会学，除了自己的兴趣、长项之外。一个女孩说："其实我真不知道将来我一定会做什么，所以我选择了社会学，因为它把我未来的路留得宽宽的，从这里我可以转向任何我想去的地方。"这个回答让我觉得既现实又智慧。的确，十七八岁，人生刚刚开始，也许比撞对专业更重要的，是把通向未来的路径拓宽。

英国学生的考试观

谁说西方学生就不在乎成绩了？

不知道是不是因为岛国的原因，每年都要等过了复活节假期，英国才逐渐有了一点"春"意。树绿了，白天明显长了，巷子里的穿堂风也不再冷不丁地让人打哆嗦了。这种"慢半拍"的气候特点常常让留学生很有怨念：终于迎来了好天气，可是期末考试马上就要开始了。郊游是罪，会友是罪，复习功课才是正经事。唉！

不过学生才没有那么傻呢，阳光充足的时候，比如大学集中的布鲁姆茨伯里区所有的草坪、罗素广场、麦克伦伯府广场、戈登广场，总会聚集大量的学生。简单的装配是几本书，或一个笔记夹。打算长期享受室外时光的，会拿上书包、铺开野餐巾。不怕冷的（伦敦仍然只是二十来度的样子）女生会穿出比基尼，一边看着康德、萨特、分子生物学，一边企图在天然日晒妆上也要先人一步。市中心来来往往各色的游客，此时也只是这浩荡学习大军的点缀罢了。

每年的这个时候都是我和学生关系的"高度敏感期",因为他们要考试了。以前在国内常听人说欧美注重素质教育,考试是次要的,事实上我发现绝大多数英国学生对考试的态度并没有那么洒脱,而且他们当中不少还是"视分如命"的家伙。考试临近,学生都显得特别爱跟我说话,课前课后都喜欢围着我问好多有关作业啊,判分标准啊,以及其他有关系或者没关系的问题。有的时候学生其实也没有具体的疑问,只是面对考场的未知,他们觉得跟老师多搭讪总是好的,万一能套到点什么呢?

　　这段时间也是老师们的"众志成城期"。记得我刚入职的时候,已经教了 20 多年书的蒂姆就告诉我,对于必修课,老师们面对学生各种古怪迂回的提问都必须保持口径一致。不然?"不然就是全年级的学生陷入堪比当年西班牙流感一样的混乱!一旦一个学生得到了关于考试的不同信息,他在短信或者脸书(Facebook)上告诉另一个小伙伴,马上就会传遍所有的学生,他们就会惊惶于到底怎么应付考试。你能想象你的邮箱里立刻塞满来自一两百个学生的焦虑邮件吗?"

　　平日淡定的蒂姆站在楼道里情绪激动地向我描述网络时代里这多米诺骨牌式的世界末日情景。两年后,当我接手了一门必修课,我才发现原来蒂姆说话真是一点都不夸张,年轻气盛的大学生们集体焦虑起来,其强度绝对不可小觑。尚且不说大考之前,就是交期末论文之前那一周,我的邮箱和办公室电话基本都要崩溃了。按理说学生在意自己的学业表现,做老师的应该很开心,但对于好成绩的关注度好像让学生们的智商都瞬间降为零,任何一点风吹草动及最不靠谱的谣言(比如"一篇作文只允许引用四篇文献"!)都会引起"电邮喷发"——没错,就像火山喷发一样,呼啦啦一下子邮箱里有无数类似的焦虑邮件。

我目前的最高纪录是一个小时内接到同一个临时抱佛脚的学生的 4 封邮件！有学生发完邮件还怕我没收到，再给我办公室电话留言。

英国年轻人对成绩的重视源于很实际的考虑：就业市场竞争激烈，没有一个拿得出手的学位怎么找到好工作呢？英国大学的毕业证书分4 个等级：一类、二类 I、二类 II、三类，相近于优、良、中、及格。一多半的学生会以二类 I 以上的学位毕业，但水涨船高，最近听说如果拿到了三类学位，有些英国年轻人面试的时候会宁可抹去自己（失败的）的大学经历，替之以社会经历。总之学位并不是未来的敲门砖，良好的学位成绩才是，这就难怪学生对分数异常计较了。

老师的每一条评语都有可能被他们仔细揣摩，辨析其是不是对考试方向的某种暗示。比如有几个很优秀的学生合作小组研究项目，项目设计得有板有眼，辅导过程中我顺口说了一句："要是能用一些有新意的研究方法就更好了。"本来意在鼓励他们更上一层楼的，没想到几个学生反而焦虑起来，因为他们直接想到的就是会不会影响他们的分数，后来几天给我写邮件追问："老师是不是觉得我们的课题很无聊？""是不是考核有我们不知道的新标准？"过度解析与推理让人啼笑皆非，我只得赶紧写了长长的邮件解释。当然，为了避免更多的误读，这类邮件的措辞往往是要花上一番脑筋的。你看，事关考试，老师说话得小心，因为学生对信息吸纳得太仔细，甚至高度敏感。

老师自然希望每个学生都拿到理想的成绩，但其实老师更担心的是学生由于过度紧张而发挥失常。比如上面提到的这个学生小组项目，考核形式为每个小组上台进行 15 分钟的演示，并接受 10 分钟的提问。考试当天，我和另一个老师作为评委来到教室。我发现我班里的几个学生都很紧张，可当时也没机会再安抚他们，我这个考官只得不停地向他们"暗送秋波",用眼神给他们打气,示意他们做得很好。谁想我在台上轻轻点头助威,学生却在下面嘟着嘴摇头求救。真让人哭笑不得!还好轮到他们上台时,他们渐入佳境,很顺利地完成了演示并回答完提问。成绩并非即时公布,但我和另一位考官都在记分表上给出了优异的分数。从台上下来,虽然还不知道成绩,那几个学生都明显松了一口气,其实我也松了一口气呢。

记得以前在国内上学的时候,每逢重要考试前,老师总强调卷面整洁的重要性,像我这种汉字写得比较"潇洒"的家伙,老师会再三提醒考试时要尽量"收敛"一点。好在从小学到大学我的成绩似乎没有因字迹受过太大的影响,虽然知道辛苦了在密密麻麻的答案里寻找"给分点"的判卷老师,但一直以为卷面只是个"小问题"而已。

而自己在英国做了老师之后,我才真正明白卷面整洁的重要性。这里大概有两个原因。首先从文字角度讲,汉字还是有点优势的,因为毕竟有间架结构在那里,所以即便潦草,一般还是有基本的可识别度的,但英文就不一样了,当一个学生"行云流水"地挥洒出英文时,整个答卷就仿佛盘踞着一根很长很长的方便面,你也看不出来哪里是头哪里是尾。当我每次扎进那些狂草的答卷里努力寻找尚且还能分辨出来的单词的时候,多半勉强认出来的是点缀其间的几个人名,因为人名的第一个字母大写嘛,"方便面"在这里会突然升高一个幅度,至于他们对这些学者的观点进行了哪些阐述,我就无从知晓了。

在英国卷面整洁尤其重要的第二个原因是和英国的考试形式有关:绝大部分文科及部分理科考试,选择题、填空题基本看不到,一般试卷就是一页纸,十来道"问答题",自选 2~3 道题在 2~3 个小时内进行回答,貌似简单,但每一道题都要密密麻麻地阐述 6~7 页答题纸才能保证通过呢。主要是考查学生结合理论论述的能力，一般并没有"标准答案"，因此也没有国内判卷中的"给分点"。每个学生得分高低全凭判卷老师和审分老师两个人的专业判断。和国内答题思路不同，清晰列出一、二、三、四，写出标题句的学生一般只会获得中等偏下的分数，因为这仅是罗列事实而没有展示自己的立论和阐述能力。一般情况下，绝大部分老师会努力从四五页的答题中寻找亮点以给高分，但是对于老师都很难读懂的卷面，真是想给高分也找不到理由呀！

虽然考卷全部匿名，但答案一写一读未尝不是一种师生交流。比如卷面上往往能显示出学生的心理变化。绝大部分学生开始几页答题都写得很工整，越到后面越松散，最后两页就写飞了，想来稳重的学生考场上也有着急的时候呀！再比如遇到极其潦草的卷子，我偶尔会觉得也许学生压根儿不想让我知道他写的是什么，而是想调侃："老师，你猜我写了什么？"我一边瞪着那一页页的"方便面"，一边也不由赌气地想："那你猜我会给你多少分？"偶尔也会遇到让人哭笑不得的答案，比如社会学理论课的考卷大部分英国学生都觉得比较难，中间有一道题是用四句话简述戈夫曼和齐美尔两位理论家的学术观点差异，一份卷子的开头是这么写的："老师，卷子做到这里我已经懵到拿不准两位理论家的性别了，但愿我的小宇宙能忽然爆发想出答案……"之后卷面上是一段很大的留白，在试卷最下面学生继续写道："没戏，还是想不出来，小宇宙今天爆发未遂。"

不过两三个小时的考试对于大部分学生来说都是十分紧张的，能在卷面上自我调侃的还是少数。别看英国学生平时很内敛，但在成绩面前绝不腼腆。有一次几位老师对一个学生的小论文分别独立给出"二类 II"的分数，谁想这位学生抓住一长段评语末尾的那句"此文有几处拼写错误",提出成绩复议。申诉理由是她是读写困难症患者,虽然少有教授会因几个错字而降低分数,但因为有评语作为"证据",她还是为自己争取到了复议的机会。学生对成绩"每分必争"的程度可见一斑。

虽然同是嗜分如命,但学生和学生也有不同。有的学生是直爽型。对于小论文这类考核,老师都会答应事先对学生的大纲或综述进行点评。为了保证对所有学生公平,英国大学有个无形的规矩,就是老师最多对五分之一的内容进行点拨,不过老师的评语肯定都会对提高成绩有帮助。结果有一次,一个女孩干脆向我要求说:"如果我给你发一个'二类II'的作文,你能给我点拨到'二类I'么?"

有的学生则是"后悔药型",这一类在大二学生中尤其多。因为英国很多大学毕业的总成绩计算采取年级递进制,即大学后期学习的成绩权重越来越大。一般大一的成绩不算,或者占很小的比例,大二以后的成绩才开始要紧。别看英国大学一共才三年,但这三年每年和每年都是一个台阶。不少学生大一混得不错,殊不知大二开学"门槛"已提高,如果平日心不在焉,往往要直到拿到不尽如人意的成绩时,才忽然意识到现实和心里那个"优秀青年"的自我认知已有距离。每次论文成绩发下去之后,总会有几个学生来找我,解释说他们其实是"好学生",只是这次马虎了,没有意识到二年级的标准,然后问我:"我甘愿再写一篇,然后你看我新写的,把成绩提上来好不好?"他们的逻辑大概是:你看我本质是一个爱学习的好孩子,为了取得更好的成绩,都不惜主动要求再写一篇。可是在老师这里,逻辑只有一个:不可以,因为给你第二次机会就是对别的学生不公平呀!

当然,"追求完美型"学霸也不在少数。他们常常主动找老师问如

英国学生的考试观

何改进论述技巧。我和先生小巴虽然是在两个不同的大学教两个不同的专业，但我俩都遇到过这个有意思的现象。比如上周小巴的一个学生写邮件要求见面说作业分数，邮件里说自己对分数"很不满意"，希望小巴帮助他提高，等等。当那个学生如约来到小巴办公室时，他掏出自己那篇"失败"的论文，小巴一看：72 分（英国 70 分以上都是"一类"，即优异）！也就是说，其实这学生的论文已经写得很好了，但他居然还不满意。听说这个男孩每年都要拿全年级最高分，不然会很失落。无独有偶，我的一个拿了"优异"的学生也给我写邮件，要求辅导如何能让下一次作业的成绩更上一层楼。

有时候面对这些追求完美主义的学生，作为他们老师的我都会觉得"压力山大"。我想大概全世界的大学都一样，有些学生过了及格线就欢天喜地，有些学生得了"二类"还怨天怨地，还有一些学生得了"一类"却想做得更好。有时当听到有人抱怨社会机会不平等时，我会想，有些"不平等"也许就是这么开始的吧。

莫贪书，思考

　　即便上了大学，多数年轻人仍然只会做寻求"正确"答案的"知道分子"，这大概是个世界性问题。

　　我一直有个歪理论，就是"坏小孩"长大了比较容易当好老师。因为我上学的时候就是一个"坏小孩"，不过是个很会考试的"坏小孩"，所以成绩一直不错，但翘课、开小差什么的样样在行。现在自己当了老师，仍对那些曾让我昏昏欲睡的课程耿耿于怀，所以备课时常从一个"坏小孩"的角度想，琢磨怎么能捕获到学生的注意力。就算学生调皮捣蛋，咱这个年资的"坏小孩"也是很有经验的嘛，不至于应付不过来！"坏小孩"当老师比较容易满足：当我看到学生每节课都能记满好几页的笔记的时候，我立马就觉得他们都是勤奋的好学生！

　　但有一点我觉得挺奇怪：中国人常说欧美中小学注重素质教育，现实中，我发现其实限于应试、死啃书本是全世界本科生的通病。比如我在课上问，后工业社会的基本特性是什么，大部分人的第一动作是"哗哗哗"地翻找笔记，然后照本宣科地给出详细的答案。不过他们对这些答案的含义并非完全理解。如果我再追问，后工业社会和后现代社会又是什么关系的时候，学生们在低头寻找标准答案无果后，都迷惑地抬头看我，每个人脸上都写满委屈："它们之间明明是相隔三个课时的关系（即没什么关系）。"

先生小巴说这是因为学生还不够努力，学习还不够认真。小巴在大学时是个特别刻苦的好学生，每每听到我说起大学时开小差的经历，小巴都如同听到恐怖故事一样，惊得瞪大眼睛。可我的直觉恰恰相反，我觉得他们的症结是书念得太多了，笔记记得太详细了，完全淹没在信息的海洋里。大学学习不仅仅是为了回答"是什么"（what）这类问题，而且是回答"怎么是"（how）这类问题，因此20多页笔记不如把一沓子阅读材料浓缩在一张思维图上。

"一朝权在手"，既然我当了老师，我决定给学生教点"坏"，教他们怎么把书"越读越薄"。在我教的几门课里，除了我自己开设的科技社会学，我最喜欢教社会学理论。社会学理论是学生最恐惧的课，因为把经典现代社会学的诸子百家浓缩在22周的课堂上，特别容易枯燥，不过上好了也特别让人有成就感。

有一周，学生被要求阅读七八十页的文献，学生们一脸迷茫地来到课堂，表示抓不到头绪。我发给他们每人一张纸，上面有提取自必读文献的十来个关键词，然后要求七八个人分成一组把这些概念以图表的方式串联起来，串联方式可以有多种，只要能讲出道理即可。我觉得这是最好的学习方法了，因为你得知道每个概念到底是什么，还得知道它们之间的承启衔接、历史传承关系。

学生对这种练习是又爱又恨呀，喜欢是因为好玩，讨厌是因为他们通篇看完了书又通篇地忘了，有个学生甚至问我："这些真的是从文献里提取的吗？还是你故意测试我们？"后来学生分组攒头讨论，用了一节课的时间把这些概念，或者说把七八十页的文献内容，以不同方式串在了一起，学生中时不时传来"噢！"恍然大悟般的感叹。当然每次做这种练习，老师也得事先给自己打一点娱乐精神的预防针，还得准备好意外情况出现时，如何在不打击学生积极性的前提下"力挽狂澜"。因为有些学生的逻辑是："阅读不精，想象力来补！"有时候这些学生炮制出来的串讲会让人大跌眼镜，社会学理论绝对可以被他们有板有眼地搞成历史穿越剧！

那节课我其实什么都没讲，但最后我问学生："你们觉得这节课有帮助吗？"当我看到几乎所有学生都使劲地点着头，我可得意了。

不管是参与课上讨论还是完成课下作业，我经常要求学生把我当作一个14岁的孩子，而且还是脑子不是很灵、天资不是很高的孩子。因为我觉得把社会学，或者说任何学科的经典理论说得高深很容易，但是只有当一个人能把深奥、繁复的理论讲得让一个普通少年都能听明白时，他才可以说真正领悟了这些理论背后的意义。当然，我并不认为所有理论都可以化繁为简，学术的专业性必然会带有复杂性。但针对本科水平中那些奠基性理论而言，我上述的逻辑大致没错。

学生开始不理解为什么我鼓励他们在回答问题的时候从最简单的概念开始。他们有的以为我是和他们"谦虚"，认为老师一定是不屑于基础问题讨论的。有的以为我是在"降低标准"，强调基础概念的重要性一定是为了让后进生有更多得分的机会。

这周我们讲法兰克福学派和批判理论。我说我有几点疑问希望大家讨论，学生都说没问题，问：是康德、黑格尔哲学渊源，霍克海默和卢卡奇的争论，还是他们引发的美学思潮？我发下题目，教室里先发出了惊讶的"嗯"，随后很多学生忍不住笑，说这么诡异的题目也只有我这种诡异的老师能想得出来："请问'批判理论'怎么就'批判'了？阿多诺提出的'负辩证''负'在哪里了？哈贝马斯提出的'公共领域'是怎么个'公共'法儿？怎么理解赫伯特·马尔库塞最负盛名的著作《单向度的人》中的'单向度'？"最让学生抓狂的是，最后这个问题还很无辜地跟了一句："这个'单向度'到底是指向哪里啊？"

这些问题很简单、很直白，看起来挺"没脑"，但回答起来其实没有想象中那么容易。比如同是指现代媒体，为什么法兰克福学派一定要用大写C和大写I来创造一个专属名词"文化工业"，而不用其他更为通用的词汇，比如"大众传媒"？或者为什么不叫"文化机构""文化工厂"或者"文化作坊"什么的？因为"工业"本身涵盖产品化、标准化和大众化三层意义，这和原本作为个人思维自由渠道的"文化"形成鲜明的对比，体现了现代理性化社会的悖论。从一个简单的名词就能看出法兰克福学派的主要脉络和学术立场。

在我的"整蛊"下，学生明白了一个道理，就是小处存深度。对理论的体会和把握有时候就在一个词，甚至是一个标点符号上。而且，没有不应该问的问题、没有不值得关注的事情、没有登不得台面的议题、没有不需要解释的理念，也没有不值得推敲的目标，现代社会里每一个个体都应该具备的"反思性"其实就是这个意思。我并不是降低标准，而是在抬高标准。

当然，掌握如何阅读不仅是大学获取高分的捷径，也是高等教育的精髓，因为如何对待书本大概是大学教育与中学教育的最大差别了。我们学院每年在向大一新生寄送入学材料的时候，都会同时寄一本由全院老师挑选的和社会学有关的小说，并建议学生在入学前看完。小说的内容将是他们和各自的指导老师第一次见面的讨论内容。对于每一个正在摸索中学和大学学习方式差别的学生来说，这是一个帮助他们过渡到大学课堂的小练习，可以帮助他们对"知道分子"与"知识分子"的区别获得一些直观的感悟。

每年挑选的书目都不一样，我最喜欢的是前年选的类似于《苏菲的世界》的社会学理论小说《那些逝去的老家伙们》(*Dead White Men and Other Important People*)。这本半教科书半小说性质的文本以社会学系大一新生米拉想搞清楚学社会学到底有什么用为主线，通过和亲朋好友对日常琐事的各种争论，逐一介绍了社会学发展史上的主要学派和观点。

当我第一次和新生见面时，像每一个希望给老师留下好印象的学生一样，我的几个学生都很乖巧地表示很喜欢这本书，泛泛地表示从中学到了很多东西，但没有一个学生说出来具体喜欢哪里，或者这本书有什么可讨论的。哈！不过他们的话语里流露出的犹豫可没有逃过我的耳朵——这倒并非因为我有特殊的侦探技巧，而是因为新生对大学水平的阅读其实都会有相似的困惑，只是大部分学生不好意思说而已。

我这个老师假装自言自语道："可是我阅读这本书的时候，觉得有些章节不太容易掌握脉络呦。"我的"坦白"让学生一下子打开了话匣子。凯利说，她觉得整个文本给人的感觉简直是"铺天盖地"，信息量太丰富了，让她抓不到头绪。罗伯特接着说："没错，我们习惯看的非娱乐性的图书上，都会在章节之后列出知识点，我们能明确地知道有哪些信息是需要我们掌握的，哪些是可以一带而过的，可是这本书，大概因为它是一本小说体的学派介绍吧，完全没有，没有……"

看罗伯特一时语塞，我补充说："完全没有让你可以依循的框架，或者说是，没人帮你画重点？"学生们纷纷点头。我说："可是未来三年你们将接触到的绝大部分读物都不再有你们习惯的知识点罗列，也不再有画考试重点这一说，因为知识本来也不是以一个个考点，而是以网络的形式存在的。每一个信息都会有它的价值，区别在于谁在现实中如何利用它。因此你们要习惯并且喜欢上没有知识点的阅读。"

几个学生继续乖乖地点头，两个女生还认真地做了笔记。这个情景让我有点忍俊不禁：平时我们总以为国内中学教育刻板，但这多少是个世界性的问题，因为至少英国也存在类似情况：为了挤进理想的大学，学生习惯于禁锢在课本与考试圈出来的模拟世界里。社会科学如此，自然科学也如此。听说因为英国 A-Level 数学考试里常出现给出问题与最终答案，要求考生填补推导过程的题目，近年来出现不少数学系新生在那些要求自己求解结果的传统数学题面前反而不知所措的怪现象。

所以开启大学生活也许最重要的是尽快领会到：大学里再没有老师会为你画"重点"，或告诉你什么是正确答案，因为大学的重点是学到自己想学的东西，推导出自己的答案。

每年社会学理论课结束的时候，我都会给学生单加一堂复习课，用两个小时的时间，把古典和当代社会学理论从马克思到吉登斯，脱稿串讲一遍。之所以坚持脱稿，有两个原因：第一，脱稿是检验讲义逻辑是否通顺的试金石，填鸭式的讲义谁也记不下来，如果一篇几千字的讲义老师都记不住，大概要么内部逻辑有"梗"，要么言语复杂、尚未深入浅出。第二，自然也是给学生做一个表率，向他们证明，那些理论大部头是可以消化的。

　　串讲开始之前，我刻意跟学生们说："以下观点仅属个人看法。"学生们并无大反应，因为在过去一学年的授课中，类似的话我说了很多遍，但每次最后一节课时，我都会向学生刻意挑明："你们大概注意到了，这类话我以前在课堂上重复了很多遍，这并不是我的'免责声明'，我反复说这句话的原因是我希望在你们脑子里印下我常说的另一个观点，那就是社会科学的意义不在于提供'唯一正确'的答案，而在于永远在寻找'更好的'答案，因此我说这话的意思是希望你们能找出比我在这里给出的'更好的'理论关联方式。"

　　鼓励学生挑战和改进任何所谓的权威说教，这就是我这个"坏小孩"的教育理念了。有一次，一个学生来找我，说她对经典社会学理论很困惑，问我有没有什么能帮助她"开窍"的建议。我拍拍她手中那一大摞笔记，跟她说："莫贪书，思考！"（Don't read, think!）这句话其实不是我说的，而是叔本华说的。

好论文是怎样炼成的？

　　不论英语是你的母语还是第二语言，学术写作都是需要额外训练的技术。

　　那天和黛西约好2点见面做课题辅导，但黛西到早了，我就让她先坐着，我转身把刚写了一半的邮件敲完。黛西是我今年新招的博士生，做有关气候政策与地方治理的研究，她是个特喜欢聊天的非洲裔大妞儿。办公室这头我扯着脖子盯着屏幕用螳螂指在键盘上"噼里啪啦"的时候，黛西望着天花板也觉得憋闷，就开始不由自主地叨叨起穿过她脑子里的意识流，倒也不在意我有没有回复，也不在意对忙着措辞的我的语音干扰，大大咧咧得挺可爱。说着说着，黛西不由感叹说，她发现写东西还真是一个需要激情的事情，比如她刚发给我的这篇文献综述耗费了她整整一个月的时间，有的时候她就能一下子写出好多来，有的时候憋半天也打不出几行字……

　　听着她的意识流从身后飘来，我一边收官邮件的最后几句话，一边漫不经心地打趣说："哦，那你有没有注意观察过，到底是吃了什么好吃的才激发了你的灵感？是热巧克力还是什么？"

黛西没回答。过了好几秒，我背后还是一片寂静。我以为她没听懂笑点，扭过头跟她解释说："这样你下次写不出来东西的时候，就知道该怎么办啦！"没想到黛西瞪大了眼睛，手指着我晃悠半天，恍然大悟般地说："哦哦哦！！！你就是那个又喝酒又喝咖啡的老师！"

原来在博士生们眼里我就是个"狂饮女"的形象呀！这下我倒是哭笑不得了。黛西说的这个"典故"要追溯到年初的时候。研究生部主任克里斯说每年不会写文章都是研究生的普遍问题，不如干脆编辑一本学术写作小册子，邀我和几个同事分别贡献我们的"写作秘籍"。我开篇的第一句话是："Good academic writing starts with a good cup of coffee and is completed by a good glass of wine."（学术佳作起于一杯香浓的咖啡，完结于一杯美妙的红酒。）咖啡和酒精都是很好的写作伴侣，但其实我的重点是用这个写作习惯比喻学术写作中的思维周期。

因此我纠正黛西说，我可不是乱喝，我开篇就明确了"饮用顺序"的！但显然黛西更关心的是："你喝什么咖啡？加糖加奶吗？什么牌子的红酒？法国的还是意大利的？"天哪！难道你们现在真的习惯一次只看140个字吗？我后面写的三四百字的注解你们都没有看呀！

说笑归说笑，但不论英语是你的母语还是第二语言，学术写作都不是与生俱来的本领，而需要专门的培训和点拨。每年我向新来的亚洲研究生或交换生建议去参加大学里专门提供课外辅导的助教中心组织的写作课程或者一对一的写作辅导训练的时候，绝大部分亚洲学生都会本能地以为我嫌弃他们的英语水平。每次我都会跟他们解释，其实他们的英语很好，只是学术写作不仅是词汇驾驭能力，更是一种思维方式和论述模式，所以别说亚洲学生了，每年我向助教中心推荐的以英语为母语的本科生甚至研究生也不在少数。当然，欧美研究生的优势在于，他们当中很多在本科的时候就掌握了学术写作的技巧，而亚洲学生很多只有来英国之后才有机会接触英语学术写作的训练。

英文写作最基本的，也是最常见的问题其实都集中于两项要求：言简意赅、结构清晰。别看貌似简单，好似对小学生的要求，但其实很多即便英语是母语的学生在写作文的时候，也常常是通篇的"坏英语"。

先拿言简意赅这一条说吧，这事说起来容易，做起来有点难度：其实一种语言的写作影射的是一种文化的思维方式。比如法语写作偏好对一个问题进行反复演绎，通过不同的比喻、比较，使这个问题涉及的方方面面逐渐显露出来。有的时候，文字本身不是要说明问题，而旨在激发你的一点点想象力。而德语呢，注重缜密漫长的思维逻辑，一个句子大半页纸也毫不奇怪；你不太需要想象力，但是需要耐心梳理出脉络分支。不过在英语，这种超长的句子和螺旋上升的演绎可真是一种灾难。英文写作讲求直白、精锐。能用 5 个词表达的绝对不能用 10 个词表达。

其实这种凝练，以英文为母语的人也未必领会其要领。比如我的一个英国朋友写课题申请书超出了字数限制，看不出有什么可压缩的了，找我来帮忙。我挑出一个一百余字的段落，重新写了一遍，化长句为短句，去除多余的动词，规避繁复的连接词，意思一点没有变，但马上变成了七十六个字——可以想象，结果不仅是字数减少了，这样精简出来的句子更比松散的长句子逻辑紧凑，论述力度自然就出来啦。当然，这种英语书写，非母语的学生更难以适应。这跟英语教学可能也有关系。比如我记得在北京上中学时，英语老师经常鼓励我们写复杂的句子，因为这是考试的得分点，甚至是在语法正确的前提下，越复杂越好。句子越长，似乎对英语的驾驭能力就越强。

"学"英语的时候，大概这种思路是对的，不过"用"英语的时候，这种思路就是羁绊啦。提高英语写作的办法有很多，威廉姆斯·斯庄克和 E. B. 怀特的小薄册子《文体指要》（*The Elements of Style*）是最有名的经典。类似的半工具书读物每年都会有新版本，提高英文写作每年也都会有新思路。不过我个人觉得有最最基本的一条，保证能立即克服一半以上的"坏英文"，那就是：长话一定要短说。

缺乏学术写作的基本训练绝不是留学生特有的现象，比如很多英国大一、大二的学生根本不懂什么叫"论点"，让他们在写论文的时候加入"自己的"看法简直让他们难受死了。其他国家的学生就没有这个毛病，比如我班上的几个中国学生都挺会提出鲜明论点的，不过他们的缺点是往往只有"点"而不会"论"，即多半不擅长把实证和理论有机地编织在一起阐释观点。英国学生则相反，他们特别会做滴水不漏的总结，但是很少有人能提出自己的想法，或者干脆觉得对他人论点的综述就是自己的观点。同等状况在美国和德国学生身上就很少出现，这两个国家的学生一般都比较明白什么叫真正的"议论"。

当我在课上提醒学生期末论文要拿高分必须要有清晰的论点的时候，甚至还有学生不相信自己的耳朵，课后还特意跑到我的办公室确认："你真的说我们可以在论文里加入我们自己的评判吗？这不是很不专业么？"这件事情让我觉得很惊奇，我反问："谁告诉你学术文章有自己的判断就不专业啦？学术文章的精髓就是要有论证严密的观点啊。"

这类谈话的结果往往使我和学生都觉得对方匪夷所思。后来有几个英国同事告诉我，这源于最近几年英国 A-Level 教育过于强调应试、拔高分数。严重偏科集中应付几门考试科目不说，很多学生在高中期间被鼓励采取保守的应试策略，即考试只要能清楚地罗列正反双方的观点就行，不需多作评论，因为评论容易暴露知识漏洞，结果搞得英国学生高中毕业之后，有两大误解：首先写作文加入自己的观点是很"冒险的"；第二，对成型的理论进行批评分析也是禁区。针对这种现象，有的同事干脆专门安排课时给大一新生"洗脑"，从如何查阅文献，到如何列提纲、何为有效问题等基础问题开始给本科生恶补，以甩掉那些不甚高明的应试技法的误导。

如果说英国学生的通病是不敢下定论，亚洲学生的通病则是斗气十足但论证起来没有章法。亚洲学生里，我教过的中国和泰国的交换生比较多，这两个国家的学生写出来的论文往往观点鲜明，但所谓斗气十足，是他们往往把自己的观点和其他观点形成针尖麦芒般的对立，并对其他观点给予完全否定，似乎不这样，自己的观点就不够"新锐"，也就不足以立论。但问题是，他们在这个过程中也不可避免地会断章取义，把现实扭曲成非黑即白，他们"新锐"的观点也就此消失了其在现实社会中的意义。刚来英国留学的时候我也常犯这个毛病。记得有一次我的导师很委婉地指出我的问题：现实中又有谁或者又有什么问题会真的如那些武断的归纳一样简单呢？好的论文首先就是认识到现实的复杂性与混乱，往往最谦虚谨慎的结论才是最有说服力的结论。

别看亚洲学生立论斗气十足，但论文的整体叙述就比较天马行空了。比如论述两国国际关系，学生常常摆上一点军事数据，摘抄一段经济发展文字，加上一小节社会变迁，缀之以民间交流的例子，总之这些事实都并排"晾"在那里，少有分析论证，也没有数据相互间内在逻辑的说明，大多是一些个人感想与判断，最后笔锋急转，加上一段主流观点作为结论了事。写的人大概觉得自己通晓古今、直抒胸臆，看的人却不知所云、一头雾水，提交的作品不像是"论文"，倒更像是"散文"。

更让人头疼的是，往往是有想法也还算聪颖勤奋的中国学生在写论文的时候反而更难理解论证的意义在哪里，他们总觉得"这么简单的道理，不是很显然么？"——这里出现了一个挺滑稽的情形：老师担心学生根本没有掌握基本的学术要义，学生则认为老师的理解力有待提高。

这大概是很多中国学生都有的困惑。最近我在国内某问答网站看到这么个问题："为什么一目了然的逻辑关系也总是要长篇累牍地论证来论证去呢？所谓严谨的讨论比泛泛而谈的讨论效率要高么？"有几个答案一语中的：学术不是讲效率的，它首先追求的是经得起推敲的扎实、精准。

其实学术思辨从苏格拉底的反诘法开始，其核心就是对"很显然"的基本前提和逻辑假设进行提问、评估与考证，以规划出其"显然"所对应的范围、情境和条件。文科、理科都是如此。托马斯·库恩（Thomas Kuhn）关于科学变革的研究也指出，对现有主流观点不断提出新的问题才推动了科学的不断演进。哥白尼的天体运行说和牛顿力学暂且不提，举一个身边的例子。我在英国认识一位著名的生命科学学家，其理论改变了医学界对心血管科学的部分认识，问其如何获得此成就，他说，其实是年轻时发现课本里有一条公认的小理论并未经过论证，他就以最简单的"学术需论证"的思维，设计了试验去证实这个主流观点，但没想到数据出来，这个观点被证伪了，由此引出了他后面的重大发现。

回到论文写作上，天马行空的"数据散文"之所以难以合格，其实并非老师"看不懂"或不能"领悟观点"，而是因为西方论文考核的不是学生是否如海绵一样对信息有强大的吸收能力，而是学生是否掌握了识别、考量、筛选和更新知识的能力。收集知识，还是学会创造知识，这大概是本科生和研究生，甚或是"知道分子"和"知识分子"的一个区别吧。

后记

世界与"我"何关？

　　我永远标榜自己是地道的"老北京"，这不仅仅是因为我出生在北京。虽祖上是旗人但一天胡同都没住过的我，从中学开始就对"北京人"这个身份很感兴趣。以前每逢寒暑假，我和好友都会根据我们从杂书中找到的各种线索，设计好路线，揣上一张北京地图，骑着车进行我们自己的"文化溯源"。高中三年我们基本把二环以内的大街小巷仔仔细细地转了个遍。后来在欧洲生活工作，每次遇到研究中国的学者提起北京新恢复的故居，或者九〇后的留学生提起北京新兴的酒吧街，我都会十二分地炫耀说，早在那些地方成为"景点"之前，我对它们就很熟悉了。

　　对一个城市或对一种文化的了解，和一个人在那个城市与那种文化中待过多久没太大关系，倒是和一个人对那个城市与那种文化的主动探索有关系。我一直很得意于自己经常留意在国内的流行信息上做功课，即便对北京这样几个月就变个样子的城市，每次回国在朋友聚会上，我都还能游刃有余地插话于各种话题，然后享受着朋友的惊诧及对我"不愧是个社会学学者"的夸赞。当然我这种"从未离开过"

的伪装有时还是会露出马脚。

去年回国的时候，我从方庄打出租车，上了车跟司机师傅闲聊了几句。师傅忽然从后视镜里瞟了一眼坐在后座上的我，问："小姐您哪儿人啊？"咱这个"老北京"被这个问题问得二乎，我让他猜我是从哪里来的，师傅眯着眼对后视镜看了几秒，撇撇嘴摇着头说："还真猜不出来，但我知道您肯定不是北京人，我觉着您就是一个模仿说北京话的外地人。"但这师傅还挺善良的，马上安慰我说："不过没事，您北京话学得还挺像的！"

这句称赞让我啼笑皆非，我在后座上一阵猛拍胸脯地争辩说："谁说的？！咱地道北京人啊！哪儿不像了？"师傅将信将疑地说："是吗？可是您说话方式不像北京人，您说话每句话都太……太严实了。""您是说严谨？""您瞧，我就是这意思！"

我说，这大概是因为我是做学术的，和是什么地方的人没有关系，说话喜欢滴水不漏也算种职业病吧，格物致知嘛，脑袋里总是时刻寻求逻辑上的最短距离。但做学术也有好处呀，比如国内现在兴什么书、看什么戏、哼什么歌等等我都了如指掌，这都靠对各种媒体信息的系统文献分析嘛！总而言之，我向司机归纳道："我还是很了解北京的'节奏'的！"

司机师傅呵呵地笑，说我学术的节奏没"踩到点儿上"。"从纸面上能对北京有多大掌握啊？"他随后拿北京人见面打招呼举例，四五个回合对话下来其实说的都是同一个意思，师傅说："其实不在于交流了什么内容，重点在这个过程。北京的范儿全在这过程里！"

嘿！这话说得真是一点没错！在学术上，我们也总向学生强调实证研究和田野调查的重要性呢。一个城市的范儿，一个群体的脉搏，一种文化的启示，有的时候并不完全体现在那些能看得见的宏伟之处、能拿到手里的结果，或者记录在案的文字。相反，那些精彩与独特，都是融入于日常交流的过程中。正如同英国文化的精华并不在于西服革履和等级传统上，而体现于英国人对排队的执着、英国政府对蜜蜂和海鸥的"偏袒"、英国大学对学生个体权益的维护。法国的节奏也不在于铁塔下的拥吻或者咖啡馆里的精致甜点，而体现于法国老人假日冒雨排队听讲座的细节上和那种敢于把自己的生活过成可以增改情节的故事的真挚与洒脱。

正如那位北京出租车师傅所述，世界的纷繁主要都在过程中。从某种程度上讲，我们确实是生活在一个小小的世界中，因为在大是大非和对"好日子"（a good life）的追求上，甭管是"中国人""美国人""英国人"，"黑人""白人""黄种人"，"贵族""土豪""中产""小资"，大家的执着和向往几乎都是一致的。正如哲学家奎迈·阿皮亚指出过的，人和人之间的异议，很多时候不是起源于人们不能就"什么是好的"达成共识，而起源于我们恰恰认同于追求同一种美好，但我们实现和实践其的手段不同。

出租司机师傅还有一点观察得挺对的：我的语言习惯，甚或思维习惯是地域和职业杂糅的结果。我是个"老北京"，正如同我也是个"老伦敦"（不过，我不敢称自己为"老巴黎"），我丝毫不觉得这两种身份相抵触，相反，这不正是踏出国门丰富自我的目的之一嘛！确切地说，我还真想不出来现在谁的生活不是一种"杂糅"。正如同大概少有中国的年轻人没有喝过咖啡吃过比萨一样，大概现在也少有欧洲人没有吃过米饭用过筷子。同住在地球村里，如果日子过得依然那么"纯"，不是有点跟不上时代吗？

所以，走！我们都去看世界！中国几代人都对世界充满了好奇，先是"淘金热"，后是"镀金热"，现在出国与留学不但是一种选择，而且日趋成为一种必需。当然生活过得再多样，也未必就国际化了。比如我知道不少这样的留学生：在英国的时候，最大的消遣是每天宅在屋子里看尽各种国内热议的连续剧；而回国后，则热衷于四处打探哪家饭店提供地道的英式下午茶。与其说他们国际化，不如说他们被夹在时空交错中挺茫然。课堂上我也遇到过几个第二代中国移民，虽然出生就拿着英国国籍，但一家人却生活在中国城的圈子里，思维远不如从北京、上海来的交换生开阔。那踏出国门去看什么，又有什么用呢？我想，"世界"不仅仅是要去看的、去听的，或者去实地走一圈留下一笔"到此一游"的，而且是需要去想、去琢磨、去思考的。

那个静待好奇者去探索的名叫"世界"的存在，是一种视界。它向每一个人提供的，不仅仅是光怪陆离的谈资和异域风味的喧嚣，也是各种人生追求的可能性。那种种通向高质量生活的路径，或许滑稽但从不可笑，因为每个选择的背后都是和你我一样理性的个体，有着只要你尝试去理解就不难体谅的道理。那些意外之举也许会让人不安，但未必可恶，因为它挑战了我们习惯的"理所当然"，提示我们还有更多的办法，展示给我们更多的人生选择。择善从之，择劣避之。一个人愿意去探索、理解和审度的越多，他的世界和视界就越宽广，那个自我就越丰满。"我""我们"和世界的关系大抵如此。

图书在版编目（CIP）数据

小世界：在欧洲做学术的注脚 / 张悦悦著 . -- 北
京：生活·读书·新知三联书店，2017.4
ISBN 978-7-108-05825-6

Ⅰ . ①小… Ⅱ . ①张… Ⅲ . ①社会学—文集 Ⅳ .
① C91-53

中国版本图书馆 CIP 数据核字 (2016) 第 248396 号

责任编辑　黄新萍
封扉设计　朴　实　张　红
责任校对　龚黔兰
责任印制　徐　方

出版发行　生活·讀書·新知 三联书店
　　　　　（北京市东城区美术馆东街 22 号）
邮　　编　100010
网　　址　www.sdxjpc.com
经　　销　新华书店
排版制作　北京红方众文科技咨询有限责任公司
印　　刷　北京铭传印刷有限公司
版　　次　2017 年 4 月北京第 1 版
　　　　　2017 年 4 月北京第 1 次印刷
开　　本　880 毫米 × 1230 毫米　1/32　印张 6.5
字　　数　145 千字
印　　数　0,001—7,000 册
定　　价　30.00 元

（印装查询：010-64002715；邮购查询：010-84010542）